高 等 学 校 教 师 教 育 系 列 教 材

2018年湖南省教育厅科学研究项目阶段性成果
课题名称：基于微课资源研发的高职小教专业学生信息化技能提升策略研究
（编号：18C1458）

趣味数学实用教程

主　　编	程五霞
副 主 编	何君辉　卢　波　何　雄
参　　编	（按姓氏笔画排序）

朱秀雯　刘雅洁　刘　瑾　阳婷婷
杨佳丽　呙　晖　张娟文　张梓林
陈巧仁　胡燕玲　段雅清　顾远芳
曹　红　童　琦　谢卫军　谭朝霞

南京大学出版社

图书在版编目(CIP)数据

趣味数学实用教程 / 程五霞主编. —南京：南京大学出版社，2019.8(2021.1重印)
ISBN 978-7-305-22580-2

Ⅰ.①趣… Ⅱ.①程… Ⅲ.①小学数学课－教学研究－高等职业教育－教材 Ⅳ.①G623.502

中国版本图书馆 CIP 数据核字(2019)第 159047 号

出版发行　南京大学出版社
社　　址　南京市汉口路 22 号　　　邮　编　210093
出 版 人　金鑫荣

书　　名　趣味数学实用教程
主　　编　程五霞
责任编辑　曹　森　　　　　编辑热线　025-83592123

照　　排　南京开卷文化传媒有限公司
印　　刷　扬州皓宇图文印刷有限公司
开　　本　787×1092　1/16　印张 11.75　字数 271 千
版　　次　2019 年 8 月第 1 版　2021 年 1 月第 2 次印刷
ISBN 978-7-305-22580-2
定　　价　30.00 元

网　　址：http://www.njupco.com
官方微博：http://weibo.com/njupco
微信服务号：njuyuexue
销售咨询热线：(025)83594756

＊版权所有，侵权必究
＊凡购买南大版图书，如有印装质量问题，请与所购
　图书销售部门联系调换

前　言

湖南民族职业学院初等教育学院从2016年9月起，先后与岳阳楼区蔡家小学、郭兴小学等多所小学联合开展了"院校对接，共建第二课堂"的义务支教活动。在双方共同配合、通力合作以及支教队师生倾力奉献下，取得了较好的效果。现基于教师教学和学生学习的需要，同时也为了活动能更有效地深入开展，我院参与支教项目的十三个支教队积极筹划并认真编写了此系列校本教材。

趣味数学支教队目前主要负责小学四年级的趣味数学课程。此课程内容主要是为满足小学四年级学生学习小学数学课本以外的、富有趣味性和思维拓展性的数学知识或数学活动这一方面的需求，其目的在于进一步拓宽学生的学习视野，增强其分析问题和解决问题的能力，发展和训练学生的数学思维，同时感受数学学习与思考的乐趣。

《趣味数学实用教程》一书是由程五霞等带队老师以及陈巧仁、钟文静、阳婷婷等支教队骨干队员组成的课程团队在长期的义务支教实践中不断探索并共同编写完成的。教材较准确地把握了校本课程的特征，涵盖一定的理论基础，源于实践、高于实践、服务于实践。它既是教师个人校本教材研究的成果，亦是集体智慧的结晶；既是我院支教师生后期开展支教活动的重要依据，亦是小学教师开展数学校本课程开发的资料参考，同时也是家长辅导孩子进行课外数学学习的备选教材。

教材分为课程标准及要求、课程纲要、学习建议和教学指导四个部分。其中，课程纲要对《趣味数学》课程开发背景、课程目标以及课程实施等方面都进行了详细的说明，希望广大读者进行细致品读，以便更好地解读教材、把握学情。而第四部分的课程教学指导是本教材的核心内容。由于篇幅受限，我们从一学年的64个课题中按照数学运算、数学建模、数学活动和思维趣题四个模块精心挑选了32个课题集结出版，其余课题内容可通过扫描相应模块二维码获取。每一课题的教学指导在内容编写上十分具体、全面，它包括了内容简介、教学目标、教学重难点、教学准备、课时安排、教学建议、教学流程设计、课外作业、教材推荐九个板块，具有较强的可操作性和实践性。当然，对于教学流程设计这一板块，教材编写的内容仅供借鉴和参考，读者在解读后还应根据自己的见解进行二次创作，不断将其完善和创新,切忌"依葫芦画瓢"的原样照搬。

校本课程的开发是一个系统工程,且由于课程团队的能力有限,书中某些部分可能还存在着一定的不足,需要进一步修改、完善,所以望广大读者在借鉴的同时,能给予宝贵的指导建议。总之,让我们带着这份用心、耐心和创新,在趣味数学的海洋中快乐遨游吧!

编 者

2019 年 2 月

目 录

第一部分 《义务教育数学课程标准(2011年版)》对趣味数学的相关要求 …………… 1

第二部分 趣味数学课程纲要…………………………………………………………… 3

第三部分 趣味数学课程的学习建议…………………………………………………… 9

第四部分 教学指导……………………………………………………………………… 12
 一、数学运算………………………………………………………………………… 12
  1. 巧添运算符号……………………………………………………………… 12
  2. 算式谜(1)………………………………………………………………… 17
  3. 速算与巧算(2)…………………………………………………………… 22
  4. 乘九速算(1)……………………………………………………………… 27
  5. 定义新运算………………………………………………………………… 33
 二、数学建模………………………………………………………………………… 38
  6. 毕达哥拉斯树……………………………………………………………… 38
  7. 斐波那契的兔子…………………………………………………………… 42
  8. 有趣的回文数……………………………………………………………… 47
  9. 数学黑洞…………………………………………………………………… 53
  10. 格点与面积………………………………………………………………… 57
  11. 三阶幻方…………………………………………………………………… 64
  12. 一笔画……………………………………………………………………… 69
  13. 盈亏问题…………………………………………………………………… 76
 三、数学活动………………………………………………………………………… 82
  14. 智破陷阱…………………………………………………………………… 82
  15. 农夫过河…………………………………………………………………… 89
  16. 奇思妙解…………………………………………………………………… 94
  17. 开心猜数…………………………………………………………………… 100

18. 见证奇迹 …… 104
19. 有趣的七巧板(1) …… 109
20. 火柴棒游戏(1) …… 115
21. 我是魔术师 …… 118
22. 我是预言家 …… 122

四、思维趣题 …… 128
23. 巧画正方形 …… 128
24. 巧用借"1"法 …… 133
25. 巧填俄罗斯方块 …… 137
26. 巧妙分割 …… 143
27. 数学谜语 …… 149
28. 学会选择 …… 154
29. 分类的奥秘 …… 160
30. 错中求解 …… 166
31. 自相矛盾 …… 171
32. 数独(1) …… 176

微信扫一扫

✓ 课件申请

✓ 教学资源

教师服务入口

✓ 拓展资源

✓ 习题答案

✓ 加入学习交流圈

学生服务入口

第一部分 《义务教育数学课程标准(2011年版)》对趣味数学的相关要求

本趣味数学课程是针对数学基础较薄弱的四年级学生来编写的,在学生掌握基础知识和基本技能的基础上,培养学生的抽象思维和推理能力,提升学生的创新意识和实践能力,促进学生情感态度与价值观等方面的发展,旨在为学生的未来生活、工作和学习带来更多的创造力。《义务教育数学课程标准(2011年版)》(以下简称《课标》)对本课程相关方面的要求如下:

1. 关于创设情境

《课标》指出:"创设情境应从课堂导入开始,导入要切实可行。"

导入新课是课堂教学的重要一环,在课程的起始阶段,迅速集中学生的注意力,把他们的思绪带入到特定的学习情境中。趣味数学课堂的教学要求导入的内容和方式一定要做到自然贴切,新颖别致,紧扣主题,更重要的是导入的内容和方式要贴近学生的生活。

2. 关于发展数学思维

《课标》指出:"课程设计要满足学生未来生活、工作和学习的需要,使学生掌握必需的数学基础知识和基本技能,发展学生抽象思维和推理能力。"

趣味数学课程在引导学生探索、发现、理解、掌握一些课外的有趣的数学知识的同时,更加注重的是帮助学生掌握学习的方法,注重培养思维能力,发展良好思维品质,从而促进学生数学素养的提升,最终实现全面发展。

3. 关于动手操作与实践应用

《课标》指出:"在各学段中,安排了四个部分的教学内容,其中'综合与实践'的内容设置目的在于培养学生综合运用有关的知识与方法解决实际问题,培养学生的问题意识、应用意识和创新意识,积累学生活动经验,提高学生解决实际问题的能力"。

在趣味数学课程的学习中,既体现"以学生的发展为本"的新课程理念,又增强了数学学习的趣味性、操作性和应用性。学生在实践应用和探索学习的过程中,不仅锻炼了动手操作能力,还学会了运用数学知识和实际生活经验来解决现实生活中的数学问题,培养了问题意识、应用意识、创新意识,增强了实践应用能力。这是本课程开设和教材编写的重要意义之一。

4. 关于活动经验的积累

《课标》总目标中提出了"四基",即基础知识、基本技能、基本思想和基本活动经验。同时还明确提出:"数学活动经验是学生个人经验的重要组成部分,是学生学习数学、提高数学素养的重要基础之一。"

众所周知,数学基本活动经验是学生在数学活动中的感性理解和认识,进而反思总结获得的数学活动经验。这就要求在趣味数学课程的教学中,我们要给学生充分的实践时间与空间,让学生在趣味数学活动中去体验、去经历、去感悟、去反思,帮助学生积累数学活动经验。

5. 关于数学文化的渗透

《课标》中指出:"数学作为对于客观现象抽象概括而逐渐形成的科学语言与工具,不仅是自然科学和技术科学的基础,而且在社会科学与人文科学中发挥着越来越大的作用。数学是人类文化的重要组成部分,数学素养是现代社会每一个公民应该具备的基本素养。"

数学文化的内涵不仅表现在其知识本身,还存在于它的历史之中。其内容涉及数学家的生平及其成就、数学事件和成果、重要数学方法的起源、经典的历史名题、数学家的逸闻趣事等。在小学数学教学中以数学史料为载体,有机渗透数学文化,可以让数学课堂彰显其文化本性,使数学学习过程成为数学文化的传播过程,提高学生的人文素养和数学素养。

6. 关于教材编写

《课标》要求:"学生的数学学习内容应当是现实的、有意义的、富有挑战性的。"同时指出,教材编写应体现科学性、整体性和可读性;教材内容的呈现应体现过程性;素材应贴近学生生活;教材内容设计有一定的弹性。

本校本教材为四年级学生的课外数学学习生活提供了学习主题、基本线索和知识结构。其学习主题选取和教材编写都严格遵循课标的要求,所选的学习素材与学生的生活实际、数学现实及其他学科现实联系紧密,且有利于学生对所学内容的理解。在体现课标要求的同时,也体现了趣味性与思维性并重的特色。

第二部分 趣味数学课程纲要

课程名称：趣味数学
课程类型：学科拓展类
授课对象：四年级学生
教学材料：根据《义务教育数学课程标准（2011年版）》，结合小学四年级教材的内容，精心挑选一些充满趣味性的课外数学知识，带领学生开展生动、有趣的数学活动或数学课堂学习。
学习时限：2节/周（一期共30课时）

一、课程开发背景

为更好地适应小学教师资格考试的国考改革，引导初等教育学院优化专业结构和资源配置，提高初等教育学院与各学校的契合度，增强初等教育学院服务基础教育的行业发展能力，进而促进湖南民族职业学院初等教育学院内涵发展，初等教育学院从2016年9月起，相继与蔡家小学、郭兴小学联合共同开展"院校对接，共创第二课堂"项目工作。在促进两校学生全面发展的同时，也为初教学院学生提供学习和成长的平台，不断发掘、培养初教学院学生的个性和特长，提高学生的综合素养能力，真正贯彻"全科培养，学有所长"的人才培养方针。

趣味数学队在程五霞等指导老师的带领下，先后由14级、15级、16级和17级部分综合素质强、兴趣特长明显并且热衷于小学数学教育事业的学生组成支教小分队，每周四下午前往一线对口支教小学，参与并协助开展好该校的"第二课堂"项目中四年级学生的趣味数学课外活动。经过支教队全体成员近两年的努力，开发了许多充满趣味性的数学课程，特整编成稿，补充完善成全套教材，为后续支教队员进行课程开发与设计提供参考与依据。

二、课程目标

"数学是思维的体操"。通过这一学科的学习，为培养发展学生的创造性思维提供了极大的空间。

趣味数学支教队目前主要负责小学四年级学生的趣味数学课程。此课程内容主要为适合小学四年级学生学习小学数学课本以外的、其他富有趣味性的数学知识或开展相应的数学活动，其目的在于进一步拓宽学生的学习视野和知识面，学会开展一些常见的、有趣的数学游戏，培养学生对数学学习的兴趣，增强其分析问题和解决问题的能力，发展和训练学生提高数学思考意识和数学思维水平，促进小学生在数学学习上的全面发展。

（一）具体目标

（1）接触一些有趣的数学题，获得常规数学课堂以外的数学知识、数学思想以及技能，帮助学生学会将知识融会贯通，灵活运用，掌握良好的学习方法。培养学生解决问题的能力，体会攻克难题后的喜悦和成就感，达到学生主动学习的良性循环。

（2）充分利用教材中的"思考题"和"你知道吗"等内容设计活动，组织学生阅读并进行指导。适当进行知识拓展，鼓励学生自行阅读、独立思考等，体会数学知识之间、数学与其他学科之间、数学与生活之间的联系，学会运用数学的思维方式进行思考，帮助学生逐步养成良好的学习习惯和实事求是的科学态度。

（3）结合学生的生活和学习实际，开展丰富多彩的活动，通过数学故事、游戏、操作、调查等形式与途径，增强课堂互动性，引导学生主动参与活动，并在活动中活跃思维，提高思维能力，体验数学学习的乐趣，增强学好数学的信心。

（4）充分利用生活中的数学资源和数学研究史料，了解数学的价值，让学生体验数学的内在美，提高学生的语言表达能力，提升其发现和提出问题的能力，进而培养其分析和解决问题的能力，同时帮助学生拓展创造性思维。

（二）阶段目标

第一学期：
（一）知识拓展

（1）通过《巧添运算符号》《乘九速算（1）》等内容的学习，探究并理解各种速算与巧算方法的算理，了解和掌握一些课本之外的速算与巧算方法。

（2）通过《定义新运算》《算式谜（1）》等内容的学习，了解数学符号的产生与形成过程，感受数学符号的简便与神奇，建立符号意识，能自觉运用符号解决一些常见的数学问题。

（3）通过探究《农夫过河》《错中求解》等问题解决方法的学习，体会并掌握用简单流程图有序表达思维过程的方法，学会将烦琐的文字、图片和解题思路等用简洁的数学方式进行表示。

（4）通过探究《巧画正方形》《数独（1）》等问题的解决方法，体会并掌握有序思考的方法解决问题，拓展学生的学习视野。

（二）能力思维提升

（1）通过《巧添运算符号》《乘九速算（1）》等内容的学习，寻求提高计算能力的对策，发展运算能力，为后续的数学学习奠定基础。

（2）通过《数学谜语》《我是魔术师》《火柴棒游戏》等内容的学习，感受逻辑思维的重要和趣味，会根据一些已知信息做出合理判断，学会独立思考和主动思考，能在交流时大胆表达，并将自己的观点与思考进行较为完整的叙述。

（3）通过《智破陷阱》《巧用借"1"法》等内容的学习，学会转换角度或方式去思考问题，发展求异思维和发散思维。

（4）通过《巧画正方形》《一笔画》等内容的学习，学会在解决同一类问题的过程中有意识的总结规律，寻找最优的解题方法，发展数学推理思维、优化思想和举一反三的学习意识。

(5)通过《定义新运算》《数学黑洞》等内容的学习,渗透符号意识,熟练掌握书本上没有重点提及的解决问题的方法,发展解题能力。

(三) **情感培养**

(1)通过《有趣的回文数》《数学黑洞》《一笔画》等内容的学习,了解古今中外一些有趣的数学现象,了解或经历其发现过程,感悟并欣赏数学内在的美,体会数学文化的神奇与伟大。

(2)通过《巧用借"1"法》《巧画正方形》《智破陷阱》等内容的学习,打破常规的解题思维,在遇到常规方法无法解决的问题时,能够转换思维方式,形成多角度思考就有可能得到解决的意识,感受数学思考的魅力。

(3)通过《巧添运算符号》《数学猜谜》《有趣的回文数》等内容的学习,体验数学与诗词的完美结合,感受巧算和速算的奇妙,激发对计算学习的兴趣。

(4)通过《巧用借"1"法》《错中求解》等内容学习,经历探索过程,意识到在生活中常见的问题中也蕴含着数学规律,体会生活与数学紧密相连,发展数学应用意识。

(5)通过《火柴棒游戏》《农夫过河》《错中求解》等内容的学习,感受拼、移的乐趣,以及数字与数字、运算符号等之间的关系,学会化繁为简,感受数学的简洁美。

第二学期:

(一) **知识拓展**

(1)通过《速算与巧算(2)》等内容的学习,探索并掌握两位数乘法的巧算,能快速准确地进行两类特殊的两位数乘法计算。

(2)通过《三阶幻方》《开心猜数》等内容的学习,掌握巧填幻方的方法,能灵活运用多种方法玩猜数游戏,对数字以及运算符号的使用更加得心应手。

(3)借助《盈亏问题》《学会选择》等展现出生活中的数学问题,探究并掌握每一类数学问题的解题方法,并且能够熟练地运用线段图来解决问题。

(4)通过《巧妙分割》《巧填俄罗斯方块》《格点与面积》等内容学习,进一步了解对平面图形进行巧妙分割的方法、理清各个图形之间的关系,发展空间观念和空间想象力。

(5)通过《分类的奥秘》《学会选择》等内容学习,学会分类思考,根据具体问题和环境灵活进行正确选择。

(二) **能力思维提升**

(1)在学习《有趣的七巧板》的一系列的内容时,感受拼、移的乐趣,培养空间想象能力和灵活思维能力。

(2)通过《速算与巧算(2)》《我是预言家》等内容的学习,感受速算与巧算的优势与神奇,培养和提高运算能力。

(3)通过《盈亏问题》《格点与面积》等系列内容的学习,进一步培养解决问题的能力,了解数学的发展与应用,提高数学应用意识。

(4)通过《三阶幻方》《斐波那契的兔子》《毕达哥拉斯树》等对于规律的探究与发现,引发学生的主动思考与探究,培养其主动探究精神及自主探究能力。

(5)通过《自相矛盾》《我是预言家》《分类的奥秘》等内容学习,训练学生思维的有序性和严谨性,发展学生思维的逻辑推理能力。

（三）情感培养

（1）通过《我是预言家》《速算与巧算（2）》等对于规律的探究与发现，进一步体会到计算与数字的神奇，增强学生对数学学习的欲望。

（2）通过《有趣的七巧板》《三阶幻方》《盈亏问题》等体会古人的智慧，培养民族自信心，增强民族自豪感。

（3）通过《见证奇迹》《我是预言家》等内容的学习感受数学游戏与数学魔术的趣味与神奇，增强学生对数学学习的兴趣。

（4）通过《学会选择》等内容的学习，感受数学就在我们的身边，形成运用数学知识解决生活问题的意识和能力，深刻体会数学来源于生活、应用于生活，同时感受数学在其他领域的应用。

三、课程实施

本队课程主要分为实践活动课、思维训练课、数学文化课这三类课型进行设计与实施。

（一）实践活动课主要包括一些有趣的数学游戏、动手操作活动等，其实施过程中要注意的有以下几点：

（1）如果是教师自制的教具或学具，必须尽量做到精致和美观，在提高学生学习兴趣的同时，养成严谨务实的学习态度。如果是要求学生自带学具，教师应提前一周提出学具准备要求。如在"有趣的七巧板"这一教学活动中，应由学生准备好七巧板以保证正式教学时的活动开展，教师则应提前一周布置好，并在上课前两天找班级管理老师进行确认。如果需要用到剪刀等危险学具，则一定要求学生准备手工剪刀等安全指数高的学具，使用时也须强调安全问题。

（2）在活动过程中要注意保持良好的课堂秩序，切忌发生课堂混乱无法掌控的情况。这就需要教师提前预设好活动过程中"学生注意力过于集中在教具上"等可能发生的多种情况。如在《火柴棒游戏（1）》一课中，学生可能会出现玩教具的情况，教师可以让小组长负责管理学具。当需要使用时组长统一发放，而探究完后则将学具统一收好，等到再次使用时再发放给组员。

（3）每一个活动的设计与实施都要考虑全班学生，尽量让每个学生都能参与到活动中，活动要求也要具体明确，以保证每个学生的参与积极性和活动有效性。如在《数学谜语》一课，猜谜的过程中可能有些反应快的孩子会特别活跃，导致其他孩子参与度不高。教师可以明确要求小组内每人负责猜一个谜语，保证每一个孩子都能参与进来。

（4）教师可根据班级学生的学习情况灵活运用1节机动课时，进行适当调整。如数学活动两节课时间还不够，就可加上1节机动课；又如学生对数学游戏非常感兴趣，那么也可运用这节机动课进行补充。

（二）思维训练课主要包括逻辑推理题、典型数学趣题的解决办法等，其实施过程中要注意有以下几点：

（1）逻辑推理题主要安排了《数独(1)》《自相矛盾》等内容的学习。教师应引导学生主动参与、积极思考，通过猜想、操作、模拟、验证、调整等思维过程训练，发展逻辑推理和有序思维等能力，提高思维的严谨性。

（2）典型数学趣题主要安排了《盈亏问题》《巧妙分割》《错中求解》等生活中存在的数学趣题的学习。教师应引导学生用数学方法解决生活中的简单实际问题，发现数学知识在生活中的广泛应用，学会用数学的眼光去观察、发现生活中的数学问题，培养学生学习数学的兴趣，形成良好的数学思维，掌握一定的数学思考方法。

（3）注重几何直观，渗透数形结合思想。几何直观是一种很好的解题方法，它能化抽象为直观，变复杂为简单，帮助学生理解题意，找到解题的突破口，解决问题。特别是在《盈亏问题》和《农夫过河》等内容的学习中，对学生画线段或简易示意图的培养较多。教师要善于引导学生绘制示意图，并直观感受画线段或示意图的优势。

（4）学会追问，引发深度思考。追问即学生回答或提出问题后教师的再度提问。恰当的追问能引发学生进行深度思考，学会知其然更要知其所以然。教师要适时对学生进行追问质疑，有效延伸学生的思维深度，起到画龙点睛或层层深入的作用。教师还要学会合理取舍，兼顾学有余力学生和学习潜能生，尽可能让每个学生都能理解和掌握基础知识，从而能进行主动、深入地思考，以达到趣数课程发展学生思维能力的预期效果。

（三）数学文化课内容包括古今中外的数学家的发现、传统的数学游戏等，其实施过程要注意的有以下几点：

（1）数学文化课主要安排了《有趣的七巧板》《三阶幻方》《一笔画》《有趣的回文数》《数学黑洞》等课题，主要涉及对数学知识的研究历程的了解或欣赏数学知识的内在美或数学知识在生活中应用的奇闻佚事等，加深学生对数学文化与研究历史的了解，感受数学来源于生活又应用于生活，培养学生对数学学习的良好情感。

（2）介绍数学家或数学知识研究史料的视频一定要多查阅资料，保证信息的准确性，图片要精美、语言要简洁、内容要精彩，让学生在观看视频时产生民族自豪感或提升自己的紧迫感。

四、课程评价与考核

本课程主要是根据平时的课堂表现和作业情况对学生进行评价和考核，期末总结课上进行表彰。

教师在开学前将班级里的孩子进行分组设立加分栏，加分栏内包含小组分和个人分。学生加分与减分情况主要分以下几个方面：

(一) 个人加减分

1. 作业完成

(1) 按时完成作业加 1 分,未完成扣 3 分。

(2) 作业完成度高(解答正确、书写工整)的加 3 分。

(3) 认真仔细地更正好上周错误的作业加 2 分,未更正的扣 2 分。

2. 课堂学习

(1) 上课坐姿端正,认真倾听老师或同伴发言,能大致复述出来的加 1 分。

(2) 积极举手回答问题,举手姿势标准,不吵闹等待老师点名后再回答的加 1 分。

(3) 回答问题时语言组织好,表达清楚的加 1 分。

(4) 在别人回答问题的基础上能提出自己不同看法的加 1 分(表现为有理有据、逻辑清楚、能准确表达自己的独到见解)。

(5) 积极参与小组合作学习,服从小组长安排的加 1 分。

(二) 团队加减分

1. 小组纪律

(1) 上课铃响起时,整组到齐且做好课前准备的加 1 分;迟到、未做好课前准备的小组扣 1 分。

(2) 课堂上观看视频认真记录的小组加 1 分;吵闹或未认真观看的小组扣 1 分。

2. 小组讨论

(1) 在分组进行讨论时全组成员都能积极参与,发言有序、倾听认真、气氛热烈的小组加 1 分;不够团结或者谈论其他话题的扣 2 分。

(2) 在汇报时表达清楚、有理有据,其余学生能及时补充、纠正的加 1 分;在其余小组汇报时,全组学生仔细倾听的加 1 分。

以上加减分规则仅供参考,教师可以根据课堂情况适时调整,以达到管理课堂、激励学生的效果。

期末时将分数进行汇总,对分数排名在班级前百分之三十的个人进行表彰,颁发奖状以及奖品,对小组分排名第一的小组进行小组表彰,组内的成员都可以得到一份奖品。以此激励学生们学习,以及意识到小组合作的重要性。

第三部分　趣味数学课程的学习建议

如何学好数学,特别是如何学好思维难度较大的趣味数学,是摆在学生面前的一个难题,也是数学教师亟待解决的一个难题。其实,学好数学并不难!现为学生学好本课程提出几点建议:

一、积极主动参与趣味数学课程学习

(一)明确趣味数学课程学习的意义

通过趣味数学课程学习,给学生提供了更多动手操作、探索发现的机会。学生在学习过程中能体验到知其然更知其所以然的乐趣,能进一步拓宽知识视野,拓展学习深度,增强分析问题和解决问题的能力,发展、训练和提高数学思考意识和数学思维能力,培养创造意识和创造能力。学生只有了解或明确趣味数学课程学习的上述诸多意义,才能更主动自觉地培养和增强学习兴趣,积极主动地参与趣味数学课程的学习。

(二)确立趣味数学课程学习的目标

学生通过趣味数学课程的学习,接触各种类型的数学问题;经过一系列的数学思维训练,将学到的知识融会贯通、灵活运用,发现并增强学生的数学思维优势;通过探究并解决一些数学难题,在培养和发展学生创造性思维方法和品质的同时,培养学生不畏困难、主动克难的精神和能力,体会攻克难题后的喜悦和成就感,从而培养学习趣味数学的强烈欲望,鼓励其积极主动地参与趣味数学课程学习。

(三)端正趣味数学课程学习的态度

1. 要有积极主动的参与态度

首先学生要有一种主动学习的意识,要有"我要学习,而不是别人要我学习"的态度。把学习当成自己的事情,自觉、自主地参与数学学习。

2. 要有敢于质疑的学习精神

在学习与探究时,能从不同角度多方面的思考问题,敢于提出自己的疑问;善于和同伴展开讨论,充分发表自己的不同意见。

在学习时,不放过任何一个疑点。当出现有不明白的问题时,特别是经过冥思苦想和反复钻研还是不会的问题,应及时请教老师或同伴,直到解决问题为止,力求知其然,亦知其所以然。当老师或同伴提出问题时,能积极开动脑筋,主动思考老师或同伴提出的一些问题,不断寻求创造性的解题方法。

3. 要有遵章守纪的规则意识

无规矩不成方圆。在课堂学习中,学生要有较强的遵章守纪的规则意识,自觉维持正常的课堂秩序。如上课前应师生问好;上课时要保持坐姿端正,不要趴在桌子上,也不能做小动作、讲小话等与课堂学习无关的事,更不能吵闹、喊叫;上课发言要举手;有事离开教室须经老师许可等。

二、养成良好的学习习惯

(一)课前准备要做好

在上课前要将课堂练习本、家庭作业本和文具、学具等提前准备好放在课桌上,以便保证课堂教学质量,提高课堂效率。需要提前准备或购买的学具也要按照教师要求进行准备,以免上课没有学具无法正常开展学习。如在上《有趣的七巧板》一课前,学生需在一周时间内至少准备好一副七巧板,以便于课堂上进行操作探索学习。

(二)课堂习惯要注重

1. 专心倾听

倾听是非常重要的一种学习方法,也是一种学习能力。课堂上,不仅要肯听,更要会听,要紧跟教师的步伐,带着强烈求知欲和浓厚学习兴趣去听课,全神贯注地倾听教师和同伴的发言,能较完整地表述对方的发言。同时,还能边听边思考:对方说的是否正确?和我想的有什么异同? 只有做到专心倾听,才能引起思考与共鸣,真正参与到课堂学习中去。

2. 集中注意力

在课堂教学进行过程中,认真听老师讲解,注意看老师演示、板书和表情、动作,必须将注意力集中到书本和老师的教学当中去;当其他同学积极发言时,要做到仔细聆听、思考并积极补充;还要做到遵守课堂秩序,不做与课堂无关的事情,努力掌握老师的讲课内容。

3. 独立思考

听课的同时要多动脑筋,学会思考,和老师进行及时的互动,使自己的思路跟着老师讲课的思路走。即使自己的想法不成熟,哪怕只想到了一半,甚至是更少,也要勇敢地表达出来,因为只有这样,才证明你动脑了、你思考了。只有在自己会思、会问、会学的基础上,才有可能与别人开展合作交流。

4. 勤记笔记

俗话说,好记性不如烂笔头。课堂笔记有助于帮助学生理解所学内容,有助于复习记忆,也有助于集中注意力。在课堂学习中,除了要集中精力专心倾听外,还要做好笔记,也就是要边听边记,更要"学会"记课堂笔记。记笔记不是要把老师所讲的每一句话全都记录下来,而在于学会记录重要的知识点。比如在《盈亏问题》这一课的学习中,可以重点记录画线段图的方法,在老师板演时,及时在笔记本上做好记录,跟着老师一起画。课后,学生还要抽出时间对照课堂笔记进行回顾、复习,加深对所学数学知识的理解和巩固。

5. 学会检验

在数学学习中要养成检验的习惯,能对所解答的问题进行检验,检验的方法越多,思路越广,思维也就越灵活。养成检验习惯的同时,还要注意养成自觉改正错误的习惯,要认识到不管对错,只做完的应付态度是对自己不负责任,要养成认真细致负责的态度和保证解答问题的正确率。

(三) 课后作业要完成

要想学好数学,适当的课后练习是不可避免的。而高质量完成课后作业是学好趣味数学课程的必要保障:

1. 书面作业

书写时,坐姿保持端正,握笔姿势要正确,保持书写清洁的习惯,作业的格式、数字的书写、数学符号的书写都要规范。解题时不要轻易落笔,最好是经过思考后可以一次写成,切忌写了又改,改了又擦,影响作业书写的工整,解题步骤既要简明、有条理,又要完整无缺。

2. 动手操作作业

要尽可能自己独立完成,只有经过自己动脑思考、动手操作,才能促进知识的理解与内化。比如《身体尺》一课中,学生在课堂学习中动手操作测量出了自己一拃、一庹、一步、一脚的长度,课后作业要求回家用身体尺测量书本、电视机、床等物体的长度。那么必须自己独立思考,根据测量物体的不同选择适当的身体尺,动手操作完成,才能进一步加深对身体尺的感性认识,从而进行内化运用与理性升华。

3. 实践作业

首先要确定实践作业的内容及要求,在规定的时间内完成。实践作业可以是自己独立完成,也可以是和家长一起共同完成的。如果是家长指导,必须是在自己自主思考、动手实践依然无法解决之后,再寻求家长帮助,以便更高水平地完成实践作业。可以根据作业内容与要求多角度进行思考,最好是设计一张实践作业进度表,然后通过上网查阅资料或者外出调查、访谈等提取有效信息,逐步完成设计表,并在完成作业后及时总结经验。

第四部分 教学指导

一、数学运算

1. 巧添运算符号

数学运算
拓展资源

一、内容简介

《巧添运算符号》根据题目给定的一些数字和要求,添上各种运算符号或括号,使等式成立。教师以古诗图画导入,激发学生学习兴趣。本课着重介绍顺推法和逆推法,帮助学生快速完成题目。通过这堂课的学习,不仅能帮助学生加深对四则运算意义的理解,巩固原有知识,提高运算能力,而且能够培养同学们思维的灵活性和敏捷性。

二、教学目标

(1) 能熟练运用倒推法和凑数法巧添运算符号,加深对四则运算意义的理解,提高计算能力,培养思维的灵活性和敏捷性。

(2) 经历探索巧添运算符号使等式成立的过程,培养学生独立探索能力和推理能力,渗透倒推和逐步逼近的数学思想。

(3) 感受学习数学的乐趣,提高学习兴趣,体验成功的愉悦感。

三、教学重难点

教学重点:掌握巧添运算符号的方法。

教学难点:促进学生的主动思考,培养思维的灵活性和敏捷性。

四、教学准备

多媒体课件。

五、课时安排

1个课时。

六、教学建议

（1）教师在导入的时候表情、动作要夸张一些，才能更好地激发学生学习兴趣。在课堂上要精神饱满，语言生动形象，让学生的目光集中在老师身上，教师才能带动课堂氛围。

（2）在备课的时候要充分考虑学生，在每个环节上设想学生会出现的情况。在意外发生时，保持清醒的头脑，站在学生的角度解决问题。

（3）面对基础薄弱，习惯不太好的学生，老师应该放慢节奏，不断重复，不断激励学生；教学时要会装"傻"，多提问，多引导。

（4）课堂中老师要建立自己的气场，树立自己的威信，并且要重视认真的学生，加大表扬力度，在学生中树立榜样，从而激发学生的学习主动性。

七、教学流程设计

（一）新课导入

教师创设情境：同学们，今天老师给你们带来了见面礼，猜猜是什么呢？今天老师给你们带来的是一首诗，我们一起看一下。（课件展示）

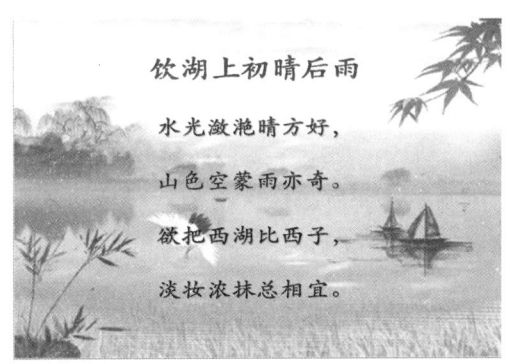

教师提问：你们知道这首诗的作者是谁吗？

在学生回答的基础上，教师课件介绍苏轼：

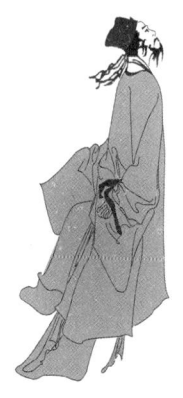

苏轼号东坡居士，世称苏东坡、苏仙。

四川省眉山市人，北宋著名文学家、书法家、画家。

教师引导：我们从苏轼的介绍中知道，他不仅是著名的诗人，还是著名的画家。老师今天带来了一幅苏轼的名画《百鸟归巢图》,我们一起来看一下!(课件展示图片)看到这么美丽的图画,后人给它配了一首诗《百鸟》。我们一起来齐读古诗,边读边思考古诗表达了什么意思?

学生朗读完后,教师启发质疑:诗的题目叫《百鸟》,可是全篇都没有出现一个百字,似乎就是在数鸟有多少只,一只又一只,三四五六七八只,数到八就结束了。(适时板书相关数字)那么,究竟是八只还是一百只呢?画里肯定是一百只鸟,怎样从这些数字中得到100呢?谁有办法?

(二)初步探究

1. 出示题目,引发思考

教师启发:是否可以在1,1,3,4,5,6,7,8这些数字中添上一些运算符号,使它变成一个算式,结果恰好等于100呢?该如何添?

课件出示,指名学生齐读,并引导明确探究要求。

1 1 3 4 5 6 7 8 ＝ 100

① 独立思考,怎样添加运算符号才能使等式成立?
② 组内交流,你是怎样想的?
③ 组内讨论,想想还有没有其他答案?

学生组内交流讨论,说一说你是怎样想的,想一想还有没有其他答案。

教师巡视指导,根据小组讨论情况进行评价、加减分。

2. 汇报答案,揭示课题

讨论结束后,教师请学生上台板书答案。

学生可能出现答案:

① $1+1+3\times4+5\times6+7\times8=100$;
② $1+1-3-4+5\times(6+7+8)=100$;
③ $[(1+1)\times3+4]\times5+6\times7+8=100$;

教师指名学生说说你是怎样想的?你们是用什么方法得到结果的呢?

在学生汇报时,教师引导仔细倾听,适时质疑,引导学生说出多种可能以及解题方法,帮助学生理清思路。

教师引导回顾:通过刚才的尝试与研究,你有什么收获?

教师引导学生归纳：遇到问题时，我们需要不断地去观察、思考：首先看，这些数字要是全部加起来是多少？是35，离100差得比较远。这时，我们是不是就得考虑用乘法？然后一个一个不断地去尝试，尽可能地向100不断靠近，也可以通过括号的添加改变它们的运算顺序最后得到100。

教师引出课题：数学上把这样的一类问题统称为"巧添运算符号"。（板书课题：巧添运算符号）

3. 再次质疑，深入分析

教师提问：你还有其他不同的答案吗？

学生举手回答，教师引导学生说出特殊答案（如学生无法想到，教师可直接出示，说明：小明同学还想出了一种方法：11＋34＋56＋7－8＝100）。

引导分析质疑：大家看看是否正确？他是怎样想的？

教师引导：有时，我们也可以改变思路，把两个或三个数字看作一个两位数或一个三位数，说不定也有意外之喜！

教师回顾小结：原来诗中隐含着总数就是"百"。在刚才探究怎样得到100的过程中不仅让我们领略了诗的奥妙，还训练了我们的思维发散能力，引发大家主动思考，体会到了数学与诗词结合的趣味。

（三）深入探究

1. 引出问题

教师引入：刚刚只是一个小小的热身，相信同学们对于这部分知识有了一定的了解，下面老师给你们带来了一个新朋友：4。

教师课件出示，指名学生朗读，明确合作探究的要求：

在四个数字4中间加上合适的运算符号或括号，使下面的等式成立。

4 4 4 4 ＝ 8

① 先独立思考，想想怎么填。

② 组内交流，把自己的方法分享给大家。

③ 由组长统计本组所有的方法，再派代表发言。

2. 小组合作

学生分组合作，教师巡视、指导。

各小组代表上台板演答案，分组验证。

教师质疑：你是怎样得到结果的，请分享一下你的解题经验。

在学生汇报时，教师要引导学生仔细倾听、质疑，说出解题的思路与方法。

教师小结：通过刚才的探究，我们得出，在解决"巧添运算符号"这类题时，我们一般运用以下三种方法。

① 顺推法：一开始就在第一个数字之后添运算符号，再把后面的数字看成一个整体来进行凑数。像这样的方法，我们叫作"顺推法"。

② 逆推法：先在最后两个数之间添上一个符号，再看看前面的数应该凑成哪个结果。像这样的方法，我们叫作"逆推法"。

③ 凑数法：直接想着把几个数相加减或者乘除得到等式后的数，像这样的方法，我们叫作"凑数法"。

3. 归纳小结

教师质疑：我们可以有多种方法来解决，不管是顺推还是逆推，或者一个个进去尝试，对于这些方法你更加喜欢哪种？为什么？

引导学生将三种方法进行对比分析，加深理解。

在学生分析的基础上教师小结：在巧添运算符号时，大家说得真好，但是不管我们用哪一种方法都是需要不断地尝试，不要害怕失败。错了不一定就是失败。错了，意味着这一条路行不通，咱们要换一条路。

（四）巩固练习

试一试，在五个5之间添上适当的运算符号，使等式成立。

5 5 5 5 5 ＝ 1
5 5 5 5 5 ＝ 2
5 5 5 5 5 ＝ 3
5 5 5 5 5 ＝ 4

学生独立尝试完成，教师巡视、指导。

指名板演，集体订正。

（五）全课总结

教师提问：这节课我们主要研究了什么？你有什么收获？

学生自由回答，引导学生回顾本堂课的知识点，巩固所学知识。

总结语：这堂课我们学习了用顺推法、逆推法等方法来解决巧添运算符号的习题。在数学中，甚至在我们生活中，当遇到困难时，如果我们按照常规方法无法解决，可以尝试换一条路。

（六）板书设计

巧添运算符号

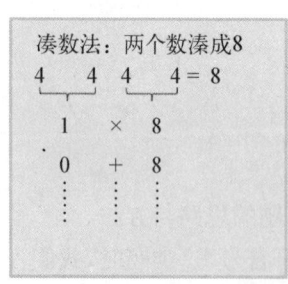
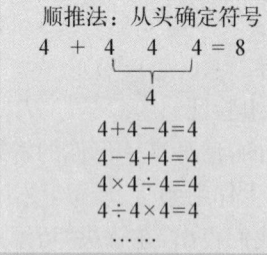
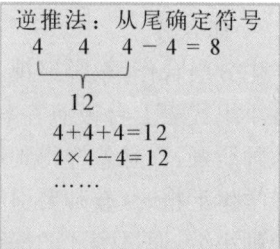

八、课外作业

（一）作业设计

（1）运用所学知识，拟定一道巧添运算符号的习题，回家后考考你的父母或朋友。

(2) 巧添运算符号,使等式成立。

① 3 3 3 3 = 1
② 3 3 3 3 = 2
③ 3 3 3 3 = 3

(3) 在两个数之间添加运算符号,使等式成立。(相邻两个数可以组成一个数)

① 5 6 7 8 9 = 89
② 4 4 4 4 4 4 = 100

(二) 作业建议

(1) 作业可以要求学生利用课上学习的知识,考一考身边的父母或者朋友。这样的作业,不仅能激发学生学习的主动性,而且能巩固所学的知识。

(2) 作业量不宜过多,作业强度不宜过难。

(3) 作业要根据本节课的内容来设定,起到强化巩固的作用。

九、教材推荐

推荐教材:于雷:《每天学点速算技巧》,清华大学出版社,2016。

推荐理由:本书作为一本为学生量身定做的神奇数学书。通过实例详细地介绍了数十种数学运算的速算秘诀,并在每节后面附上一些精选的练习题,有助于学生数学能力的提升。

设计、定稿人:陈巧仁 李欢新

2. 算式谜(1)

一、内容简介

算式谜又称"虫蚀算",是一种有趣的数学问题。一个完整的算式,缺少几个数字,就会成为一道算式谜。本课用一个故事场景把整堂课串联起来,层层递进,从而探究算式谜的解决方法。选题由易到难,使学生感受到数学的奥妙,培养了学生的逻辑思维能力,激发学生对数学的探究欲望。

二、教学目标

(1) 结合具体情境,找到解决算式谜的突破口或关键点;掌握算式谜的解决方法,提高运算能力。

(2) 在经历分析猜想、推理验证等一系列活动的过程中,体会有序思考、合情推理的特点和价值。

(3) 增强问题解决的策略意识,体验获得成功的成就感,激发数学学习的兴趣,养成良好的思维习惯和学习习惯。

三、教学重难点

教学重点:灵活运用推理法从已知条件推导未知条件。

教学难点:学习用推理的方法解决问题,初步获得一些简单的推理经验。

四、教学准备

写有题目的卡纸、磁铁、多媒体课件、草稿本、随堂练习本、笔。

五、课时安排

2个课时——第1课时。

六、教学建议

（1）教师应注意引导学生在课前回顾四则运算中各部分之间的关系,便于后面新知探究时找准突破口和解题关键点。

（2）要求学生在题目旁边写出思考过程和详细步骤,更好地帮助学生理清并表述解题思路。

（3）教师要注意启发学生主动思考,精讲多练,及时总结。

七、教学流程设计

（一）微课导入

教师要求:上课前,我们先来观看一段小视频。你们要仔细看,认真听。

微课内容:一天,值日生不小心擦掉了同学在黑板上写的部分算式。同学们都非常着急,有同学在查阅资料时发现像这样原本是一个完整的算式,缺少了几个数字,就会成为一道算式谜。算式谜又称"虫蚀算",是一种有趣的数学问题。人们通过思考和推理,把算式中数字重新填写完整,能够很好地训练大脑,从而提高思维能力!

教师提问:观看了微课,你了解了什么知识？

学生回答:缺少了几个数字的算式问题叫算式谜。

揭示课题:今天我们就来研究算式谜。（教师板书课题）

（二）初步探究

教师质疑:你们知道擦掉的数字是什么吗？赶快动手算一算吧！看谁能在最短的时间内求出答案。（课件出示题目）

$$\begin{array}{r}\square\,0\,\square\,\square\\-\,3\,\square\,1\,7\\\hline 2\,8\,5\,6\end{array}$$

学生独立思考,尝试解决。

教师巡查,适时引导、提示:可以从简单切入,完成的同学举手示意,并想一想要怎么向大家介绍你的解题思路。

指名学生板演,并介绍自己是怎么得出这个答案的。教师适时引导。

在学生讲解完自己的解题方法后,教师指名复述。

教师边归纳边课件同步出示:再来回顾一下,这是一个减法算式。通过观察发现,我们可以先从被减数的个位入手,因为6+7=13,得出个位是3;再看被减数的十位,被个位借走1后,再减1,还得5,可以得出十位是7;接着看减数的百位,百位0不够减,借位后10一几=8？可以得出减数百位是2;最后看被减数千位,被百位借走1后再减3还得2,推出被减数千位上应该是6;整理这个竖式,应该是6073-3217=2856。

$$\begin{array}{r} \overset{\cdot}{\boxed{6}}\,0\,\overset{\cdot}{\boxed{7}}\,3 \\ -\ 3\,\boxed{2}\,1\,7 \\ \hline 2\,8\,5\,6 \end{array}$$

教师激励:看来这个题目都没有难倒大家。加油,你们是最棒的!

(三) 深入探究

教师课件出示:下列题目中每一个汉字都代表一个数字,相同的汉字代表相同的数字,不同的汉字代表不同的数字。那么,"算、式、谜"各代表什么？看谁做得又快又准!

$$\begin{array}{r} 谜 \\ 式\ 谜 \\ +\ 算\ 式\ 谜 \\ \hline 3\ 式\ 谜 \end{array}$$

学生独立思考,尝试解决,完成后举手示意。

指名学生汇报并自由表达自己的解题思路。

教师质疑:在解决这个算式谜时,你是从哪一步开始做的呢？

引导学生再次理清刚才的解题过程,并找到解题的突破口:最高位数字或最低位数字。

教师给表现优秀且正确完成习题的学生加分。

在学生归纳的基础上小结:通过刚才的探究,我们发现可以从最低位入手。由"谜+谜+谜=谜"可以推导出"谜=5"且个位向前进1,或者"谜=0";因为"式+式=式",由此可以推导出"式=9",且十位向前进1或者"式=0";如果"式=0"则"谜=0",不符题意;所以"式=9""谜=5";根据竖式,推算出"算=2"。整理得出:算=2、式=9、谜=5。

(四) 巩固应用

教师引导:同学们真聪明,下面增加难度,我们一起来探究怎样解决用字母代替的算式谜!

课件出示:字母O代表2,字母S代表3。下面的算式中,其他字母各代表什么数字？

$$\begin{array}{r}\text{C R O S S}\\+\text{R O A D S}\\\hline\text{D A N G E R}\end{array}$$

指名学生读题:现在老师想请一位小小播音员来帮老师读一读题目。

教师引导:首先把已知条件:字母O代表2,字母S代表3,写入算式中,然后分析算式,一步一步推导。

课件出示合作要求,引导学生明确:

① 先独立思考,尝试完成题目。

② 小组合作:将你的答案与小组成员交流。

③ 小组派代表汇报最终答案。

学生分组合作,教师巡视指导、适时评价引导。

在各组完成任务后,请各组代表依次上台展示和讲解。

教师根据学生情况归纳小结:通过刚才各小组代表的汇报,我们发现:① 可以先把字母O代表2,字母S代表3填进算式中,得出R=6,N=8;② 又因D是最高位,是两个万位相加的进位数,所以推断D=1;③ 再得出E=4;④ 由以上可知还剩下字母C、A、G只能是数字5、7、9,因为C+6要进位且个位等于A,故可推出C=9,A=5;⑤ 最后得出G=7。综合得:A=5、C=9、D=1、E=4、G=7、N=8、O=2、R=6、S=3。

教师质疑:有谁知道这三个英语单词分别表示什么意思吗?

教师提示:看到同学们都特别渴望多学点知识,老师现在把这句温馨提示语分享给大家。cross这个单词是穿过的意思,roads是马路的意思,最后一个单词你来猜一猜,对,危险! 所以我们这句提示就是穿过马路很危险!

教师启发:因为穿过马路很危险,所以要我们要遵守交通规则。同学们都记住了吗?

(五)课堂作业

教师引导:相信通过今天的深入探究,对于算式谜的有关知识你已经掌握在心了。但能否将其运用于实际问题中,还得看看大家接下来的表现。

课件出示:下面算式中四个数字分别代表四个不同的数字(0除外),你能求出来吗?

$$\begin{array}{r}\text{趣}\\\text{趣 味}\\\text{趣 味 数}\\+\text{趣 味 数 学}\\\hline\text{4 3 2 1}\end{array}$$

趣=( )、味=( )、数=( )、学=( )

(六)全课总结

教师提问:通过今天的学习,你收获了什么?

学生自由回答,教师引导学生回顾本课所学知识。

结束语:你看,算式谜其实并不难,只要你勤于思考,乐于探究,一步一步来,从简单到复杂,就能解决实际问题。

（七）板书设计

算式谜

从简单到复杂,一步一步分析

```
              谜                              趣
          式   谜                          趣   味
    ＋  算 式   谜                    ＋  趣 味 数 学
    ─────────                        ─────────────
        3 式   谜                        4  3  2  1
```

算=(2)、式=(9)、谜=(5)   趣=(3)、味=(8)、数=(9)、学=(1)

八、课外作业

（一）作业设计

(1) 下面算式中五个汉字分别代表五个数字(0除外),你能求出来吗?

```
      兵 炮 车 卒
   ＋  兵 炮 马 卒
   ─────────────
      马 卒 车 兵 卒
```

(2) 下面算式中不同的汉字代表不同的数字,相同的汉字代表相同的数字。当它们代表什么数字时,等式成立。

```
      2 华 罗 庚 金 杯
   ×                3
   ─────────────────
      华 罗 庚 金 杯 2
```

(3) 算式中不同的汉字代表哪些数字?

```
            好 学
        ×   学 好
       ─────────
        ─────────
        2 好 0 1
```

（二）作业建议

(1) 布置课外作业时,最好选择源于生活实际的问题,要注重提高学生运用知识解决实际问题的能力。

（2）题目难度要适中，不宜过于复杂。

（3）要求学生在下节课前以书写的形式完成，老师将作业收上来批改。建议老师在批改作业的时候，应该注意看学生的解题思路。

九、教材推荐

推荐教材：李延林：《数学名题》，中国大百科全书出版社，1996。

推荐理由：《算式谜》在该书的第二章，书中对《算式谜》这一内容做了具体的专题分析，并且有许多算式谜的练习题，每种题目的题后都有具体的方法解析。

设计、定稿人：周港玉　刘林焕

3. 速算与巧算（2）

一、内容简介

学生已经学习了《两位数的笔算乘法》，这节课主要是讲解十位数相同的两位数的乘法巧算。教师通过笔算乘法引导学生去探究竖式计算法和巧算法之间的联系，理解巧算推理的过程，发现内在的规律，同时把巧算的方法学以致用。生活中我们常常会遇到两位数的乘法，学生们可以通过巧算，来提高计算的准确率和速度，拓展学生的视野，让学生感受到数学的神奇，提高学习数学的兴趣。

二、教学目标

（1）通过探究竖式计算法和巧算法之间的联系，发现两位数乘法的特点和内在规律，学会根据口诀进行巧算。

（2）通过观察、对比、归纳、合作等培养学生自主探究、合作交流的能力。

（3）拓宽学生视野，感受数学的神奇，提高数学学习的兴趣。

三、教学重难点

教学重点：引导学生总结两位数乘法巧算方法。

教学难点：竖式计算到巧算的推理过程。

四、教学准备

多媒体课件、写好式子的卡纸。

五、课时安排

1个课时。

六、教学建议

（1）教师板书要清晰，一步一步地引导学生探索规律。例如，要强调十位每种情况出现时巧算各数位的计算。

（2）要反复强调口诀，注意计算规则（满十要进一）。

（3）学生在进行小组合作时教师要观察学生的探究情况，适时指导。

七、教学过程设计

（一）情境导入

（1）教师谈话引入：同学们看过或参加过辩论赛吗？今天数学课堂也来一次辩论赛。主题为：你是否赞同视频里提到的计算方法在观看视频时要求：要认真观看视频，记录好关键信息。

（2）教师播放视频（十位相同的两位数的巧算），学生仔细观看。

教师质疑：

① 从视频中你获得了哪些数学信息？

学生汇报，教师引导学生说出关键信息：计算 12×13、16×14 以及计算口诀。

② 你是否同意视频所说的计算方法呢？（要求：同意的举左手、不同意的举右手）

两方同学进行辩论，说说自己方观点及理由。

教师引导学生回顾：通常计算两位数的乘法是运用什么方法？（列竖式计算）

（3）学生竖式计算，验证视频中的方法，指名两位学生上台运用竖式计算：

$$
\begin{array}{r}
12\times13=156 \\
1\ 2 \\
\times\ 1\ 3 \\
\hline
3\ 6 \\
1\ 2 \\
\hline
1\ 5\ 6
\end{array}
\qquad
\begin{array}{r}
16\times14=224 \\
1\ 6 \\
\times\ 1\ 4 \\
\hline
6\ 4 \\
1\ 6 \\
\hline
2\ 2\ 4
\end{array}
$$

通过计算，发现笔算出的结果与视频当中的计算方法所得的结果是一样的，而且视频中的方法更简单。

教师揭示课题：今天我们要学习的就是《两位数的巧算》。（教师板书课题）

（二）探索新知

1. 不进位算式的巧算方法与竖式之间的联系

教师引导：我们先来研究一下这种巧算方法与竖式之间有什么关系？

引导学生首先观察 12×13 竖式的特点，从结果的个位逐步观察，总结出巧算的方法：

① 6 是怎么得来的？由 2×3=6，即 2 个 1×3 个 1

② 5 是怎么来的呢？由 3+2=5，即 3×10+2×10 通过乘法分配律可以写成(3+2)个 10

③ 1又是怎么来的？由 1×1＝1 即 1 个 10×1 个 10＝1 个 100
我们把它们当作独立的个体。
从右至左书写为：

$$\boxed{1\times1} \quad \boxed{2+3} \quad \boxed{2\times3}$$
$$156$$

计算后便得到 156，即 12×13＝156。
总结巧算口诀：头乘头，尾加尾，尾乘尾。

2. 反馈应用
运用巧算方法计算：12×14　11×17
学生独立巧算，算完后与同桌交流答案和巧算过程。
教师指名学生回答并表述算法。

3. 合作探究
探讨 16×14 类两位数进位乘法的巧算方法
学生尝试计算 16×14
指名汇报，大多数学生可能会运用刚刚学的巧算方法进行计算。
教师提示学生进行验算（笔算的方法），发现竖式计算的结果与运用巧算方法的结果不一样。
老师适时给予提示：观察竖式，进行小组讨论。
指名朗读并明确讨论要求：先独立计算、思考，再小组讨论，组内说一说通过观察竖式计算你发现了什么？想一想与刚刚的巧算方法有什么不同？可以怎样解决？
学生分组合作探究，教师巡视、指导、评价。
小组派代表汇报，学生发现 16×14 的计算过程中要进位，而刚刚的 12×13 不用进位。
探究 16×14 的巧算方法：
学生独立思考，指名说出自己的想法，全班讨论。
老师引导总结巧算方法：16×14 这个式子的计算过程中涉及进位，结合竖式与刚学的方法发现：
个位上的数字 4 是 6×4＝24 的个位数字；
十位上的数字 2 是 6＋4＝10,10 再加上个位上进的 2,10＋2＝12 的末尾数字；
百位上的数字 2 是 1×1＝1,1 再加上十位上进的 1,1＋1＝2。
通过计算我们发现在巧算的过程中也要遵循"满十进位"的原则。

4. 反馈应用
运用巧算方法计算：17×18　15×19
学生独立巧算，算完后思考如何表述自己的巧算过程。
教师巡视学生的计算情况，若发现不同答案，请个别同学板书计算过程，也请一位做正确的同学板书，随后大家找出错误点，教师进行讲解订正，并强调注意"满十进位"。

5. 小结

(1) 通过刚才的探究,你发现这些式子之间有什么共同的特点?

引导学生发现特点:十位相同,而且都是1。

(2) 这类算式可以怎样快速巧算?

引导学生总结它们的巧算口诀:头乘头,尾加尾,尾乘尾,满十要进位。

(三) 拓展提升

(1) 计算 21×23。

如果这两位数的十位都为2,还可以运用刚刚的巧算法进行计算吗?

学生先独立计算,教师提示要验算(笔算方法),有的同学发现这个式子运用了刚刚的算法与列竖式计算的结果不一样。

这时教师提出疑问:为什么这个式子运用刚刚的巧算方法计算不行呢? 它们会有什么样的巧算方法呢?

提示:观察竖式,进行小组讨论。

讨论要求:先独立思考,结合前面学习的巧算的算理方法和此题竖式,观察发现不同点,组内再交流,记录员记录自己小组内的发现。

学生分组合作探究,教师巡视、指导、评价。

(2) 小组汇报。

每组派代表进行汇报,所得的正确结果是多少?(483)

用刚刚的巧算方法得到的答案是多少?(443),

为什么会不一样呢?你发现了什么?(学生说自己的发现:尾乘尾是3,头乘头是4,但十位上尾加尾就不对了。)

(3) 探讨 21×23 的巧算方法。

提示学生观察 21×23 的竖式计算

```
        2 1
    ×   2 3
    ─────────
        6 3
    4 2
    ─────────
    4 8 3
```

发现:

个位上的3是1×3=3;3个1

十位上的8是2个10×3=6个10,2个10×1=2个10,再6+2=8,就等于8个10,根据乘法的分配律可以写成2个10×(1+3);

百位上的4是2个10×2个10=4个100。

再同样根据前面的巧算方法书写从右至左书写为

2×2	(1+3)×2	1×3
4	8	3

计算后便得到483，即21×23＝483

引导学生根据式子总结巧算口诀：头乘头，个位的和乘十位，尾乘尾。

（四）牛刀小试

（1）巧算：32×31＝992　　54×57＝3078

出题后教师提示：这两个算式有什么相同的地方？（十位相同），应该运用哪个口诀呢？如果满十了要进位吗？

学生独立计算后再指名板演。

集体订正，教师引导学生总结发现十位不是1时就运用第二个口诀进行巧算，而且都要遵循"满十进位"的原则。

（2）考一考：同桌之间相互出两个十位相同的两位数乘两位数，用今天学习的巧算方法来计算。

学生分组练习，教师随机抽两组学生上台演示计算。

（五）回顾总结

在大家的共同努力下，我们探索了十位相同的两位数巧算口诀，十位为1的情况可以更简便的方法，中间直接是尾加尾。其实在生活中还有很多这样的巧算方法等着我们去发现。

（六）课堂作业

（1）巧算下面各题：

①　12×14＝　　　　　②21×25＝

③　15×12＝　　　　　④48×46＝

（2）运用今天所学的巧算方法，填一填：

11×（　　）＝154　　　（　　）×22＝462

（　　）×41＝1682　　　32×（　　）＝960

（七）板书设计

两位数乘法巧算

十位为1时　口诀：头乘头，尾加尾，尾乘尾

十位不为1时　口诀：头乘头，(尾加尾)×头，尾乘尾

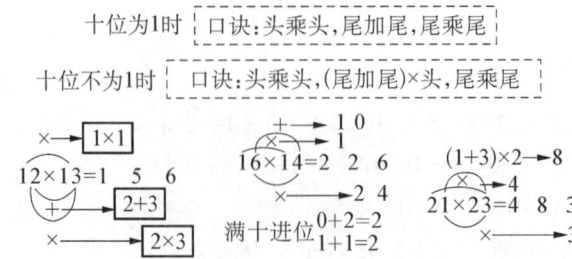

八、课外作业

（一）作业设计

(1) 巧算下面各题：
① 52×54　　　② 78×75　　　③ 62×67　　　④ 81×89

(2) 请快速判断(不列竖式)下题中哪个选项是符合的：
① 41×42＝
　　A. 1622　　　　　　　　　　B. 1722
② 53×57＝
　　A. 3021　　　　　　　　　　B. 2521

(3) 请判断下列算式是否正确，若不正确请把正确的计算结果写在一旁。
① 73×77＝5621　　　　　　　　　　　　　　　　　　（　　）
② 92×96＝8122　　　　　　　　　　　　　　　　　　（　　）
③ 66×61＝3646　　　　　　　　　　　　　　　　　　（　　）

（二）作业建议

(1) 教师在布置作业时要尽量具有趣味性和思考性，并对所学知识进行巩固，提高学生的运算能力。

(2) 题目难度适中，要突出两位数乘法的巧算。

九、教材推荐

推荐教材：顾荣：《小学数学速算方法》，山西教育出版社，2004。

推荐理由：本书是一本介绍速算方法的书，其内容由浅入深，通俗易懂，是提高数学计算能力的图书。通过学习本书内容还能锻炼我们的思维能力，尤为重要的是，也可以启示我们应如何去发现、概括、抽象、总结数学计算方法的规律，培养解题技能。

设计、定稿人：张　灿　胡燕玲

4. 乘九速算（1）

一、内容简介

本节课的教学内容是乘九速算中的一部分。该课题涉及的内容比较广泛，在本节课主讲两位数乘九的运算。首先，对两位数乘九的算式进行分类，让学生通过观察、探究等方法来总结规律。然后通过巩固练习，使学生发现数学运算中的简便方法，从而引发学生探究三位数乘九规律的兴趣。通过整堂课的学习，有利于增强学生的运算能力。

二、教学目标

(1) 通过分类观察，发现两位数乘九的积的规律。

(2) 通过总结规律,掌握不用列竖式的方法直接算出两位数乘九积的速算方法。

(3) 通过探究规律的过程,养成仔细观察、主动探索的学习习惯。

三、教学重难点

教学重点:引导学生仔细观察、逐步探索出两位数乘九算式的运算规律;掌握不用列竖式就能直接算出两位数乘九的算式的积的方法。

教学难点:探索并发现两位数乘九算式积的规律。

四、教学准备

教案、多媒体课件、算数卡片。

五、课时安排

1个课时。

六、教学建议

(1) 课堂中师生计算大比拼游戏对教师乘九速算的水平是一个非常大的挑战,教师必须提前进行强化训练,否则会严重影响学生学习本节课的兴趣和欲望。

(2) 本课题通过探索计算规律,发展学生的思维能力和运算能力。但是,不爱思考的学生很容易形成听课疲劳,教师教学时应多关注这一类学生,多让学生参与到课堂中来。

(3) 教师可先引导学生一起探索、发现两位数乘九中的一类算式的规律,再根据这一类的规律去自主探索与发现另外两类的规律。

七、教学流程设计

(一) 谈话导入,激发学习兴趣

教师引导:以前都是老师给同学们出题,今天老师给同学们一个优先权,由你们出题考老师。我们来一个师生计算大比拼。我们一起来看一下比赛规则。(课件出示规则)

比赛规则如下:

① 4个同学出题,每位同学出2个大于11的两位数乘九的算式。

② 用自己喜欢的方式求出算式的积。

③ 以算得又快又准的一方为胜。

教师在黑板上粘贴准备好的卡纸,4名学生在上面书写算式。

算式出好后,教师和学生同时开始比赛。

学生发现教师可以不用列竖式,直接就可以把这些算式的答案写出来。接着,教师可以让一个学生用计算器快速的验证老师的答案是否正确。(答案全部正确)

教师启发:你们想知道老师为什么能够算得又快又准吗?其实这些算式都是有规律可循。接下来,就和老师一起来研究乘九算式的速算奥秘吧!(板书课题)

(二) 规律探究

(1) 引导分类。

教师引导：请仔细观察乘九的这些因数，你发现它们有什么相同或不同之处吗？如果按照算式前面的因数分成三类，你会怎么分？

学生仔细观察、独立思考，尝试分类。

教师引导：老师分的第一类算式是：因数的十位数字要比个位数字小，你们认为第二类、第三类该怎么分呢？（学生分出以下两类）

第二类算式：因数的十位数字比个位数字大；

第三类算式：因数的十位数字和个位数字相等。

指名学生重复：按照什么分类，分为哪三类？

(2) 探究十位数比个位数小的这一类算式中积的规律。

引导学生仔细观察十位数比个位数小的这一类算式：同学们仔细看看这类算式的积的各个数位的数字与前一个因数有什么共同特点？这一类算式的积有什么样的特点？同学们在独立观察、思考后，同桌之间可以互相说一说。

指名学生汇报，引导总结：积的各个数位的数字之和是9，积的百位上的数字等于前一个因数的十位上的数字。如：

$$36 \times 9 = 324$$
$$3+2+4=9$$

教师继续质疑：我们来看看个位上的数字，积的个位上的数字是不是就是前一个因数的个位数字与九相乘所得的积的个位数字？

指名多位学生完整重复刚才发现的规律。

教师任意出一个十位数小于个位数的算式（$35 \times 9 = ?$），逐步引导学生用前面发现的规律速算：

① 如果要你快速地写这个答案，你会先写哪个数位上的数字？（因为积的百位上的数字和前一个因数十位上数字是一样的，所以先写百位上的数字3）

② 接着确定哪个数位上的数字？（再确定个位上数字）

③ 那十位上数字能确定吗？（能！用9减去百位上数字和个位上数字之和）

全班按照"先确定……，再确定……，最后确定……"的句式齐说速算 35×9 的过程。（先确定百位上的数字3，再确定个位上的数字5，最后确定十位上的数字1）

教师组织：现在哪位同学想接受挑战，老师会随机出一个十位数比个位数小的两位数乘9，看看你能不能根据我们刚刚总结出的规律不列竖式快速地计算出来？（先后点四名学生计算以下四个算式）

$37 \times 9 = 333$　　　　$45 \times 9 = 405$　　　　$69 \times 9 = 621$　　　　$34 \times 9 = 306$

在学生算错时，按规律进行引导计算，纠正其答案。

(3) 探究十位数比个位数大的这一类的规律。

教师引导:我们已经探究出了十位数比个位数小的这一类的规律,我们接下来就来探究一下十位数比个位数大的这一类的规律。为了加快我们探究的速度,我们要集小组成员的智慧了,所以这一规律的探究我们小组合作完成。但老师有几点小组合作的要求,我想请一位同学帮老师读一下。(点一名学生朗读)

合作要求:

① 团结协作,保持纪律。

② 认真记录,派代表发言。

③ 每组说一个特点,不能重复。

根据各小组代表的汇报,引导学生归纳得出:

$$
\begin{array}{c}
\overset{6-1=5}{63\times 9=5\boxed{6}7} \\
3\times 9=2\boxed{7} \\
\boxed{5+6+7=18}
\end{array}
$$

① 积的各个数位数字之和是18。

② 积的百位上的数字等于前一个因数的十位上的数字减1。

③ 积的个位上的数字是前一个因数的个位上的数字和9相乘的积的个位上的数字。

④ 中间十位上的数字是18减去百位数和个位数的数字之和。

点学生随机出题,尝试计算,验证发现的规律是否正确。

(4) 学生自主探究十位数等于个位数的特征。

教师引导:按照刚才探索规律的方法,请仔细观察第三类算式并独立思考,探索积与因数之间的关系。

教师巡视,个别指导。

指名学生汇报,引导得出:

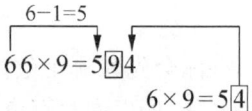

① 积的百位上的数字等于前一个因数的十位上的数字减1。

② 积的十位上的数字恒为9。

③ 积的个位上的数字是前一个因数的个位上的数字与9相乘的积的个位上的数字。

(三) 巩固练习

教师用课件出示下面题目:

98×9＝882　　89×9＝801　　99×9＝891

学生独立完成,教师巡视,个别指导。

指名学生回答,并说明自己的思路,集体订正。

（四）课堂小结

教师引导：回顾一下，我们刚才探究两位数乘九速算技巧的过程，你有什么收获与发现？

引导学生回顾总结：先求出各个算式的答案，再根据每个算式前一个因数的数位特点分类，最后根据积与前一个因数的对比、分析发现规律。

1. 十位数比个位数小

(1) 积的各个数位的数字之和是9。

(2) 积的百位上的数字等于前一个因数的十位上的数字。

(3) 积的个位上的数字就是前一个因数的个位数字与九相乘所得的积的个位数字。

(4) 中间十位上的数字是9减去百位数和个位数的数字之和。

2. 十位数比个位数大

(1) 积的各个数位数字之和是18。

(2) 积的百位上的数字等于前一个因数的十位上的数字减1。

(3) 积的个位上的数字是前一个因数的个位上的数字和9相乘的积的个位上的数字。

(4) 中间十位上的数字是18减去百位数和个位数的数字之和。

3. 十位数等于个位数

(1) 积的百位上的数字等于前一个因数的十位上的数字减1。

(2) 积的个位上的数字是前一个因数的个位上的数字与9相乘的积的个位上的数字。

(3) 积的十位上的数字恒为9。

（五）拓展探究

教师引导：前面我们研究了两位数乘九的速算方法，相信同学们都已经掌握了。那我们再加大一点难度，探究一下三位数乘九的速算技巧！

教师课件出示三位数乘九的题目：

$149 \times 9 = 1341$　　　　　　　　$345 \times 9 = 3105$

$495 \times 9 = 4455$　　　　　　　　$584 \times 9 = 5256$

$222 \times 9 = 1998$　　　　　　　　$555 \times 9 = 4995$

学生尝试探究后，再组内交流，统一想法后做好汇报准备。

指名或分组汇报，教师引导归纳，总结规律：

(1) 十位数字比个位数字小。

积的千位数字和前一个因数的百位数字相同；

积的百位数字是前一个因数的十位数字与百位数字之差；

积的个位数字是前一个因数的个位数字与9相乘所得的积的个位数字；

积的十位上数字，就用9减去千位数字和百位数字与个位数字之和。

(2) 十位数字比个位数字大。

积的千位数字和前一个因数的百位数字相同；

积的百位数字是前一个因数的十位数字与百位数字加1的和之差；

积的个位数字是前一个因数的个位数字与9相乘所得的积的个位数字；

积的十位上数字,就用18减去千位数字和百位数字与个位数字之和。

(3) 十位数字等于个位数字。

积的千位上的数字等于前一个因数的百位上的数字减1；

积的个位数字是前一个因数的个位数字与9相乘所得的积的个位数字；

积的十位和百位上的数字恒为9。

(六) 全课总结

教师引导:同学们,今天我们学习了什么呀?

学生可能回答:两位数乘九和三位数乘九的规律。

教师继续引导:我们发现了我们身边的这些运算规律,这告诉我们面对生活我们要做一个怎样的人啊?

学生回答完后,教师总结:我们要做生活的有心人。在生活探索规律时,首先就需要先猜想,再通过多种途径去验证它。

(七) 板书设计

乘九速算

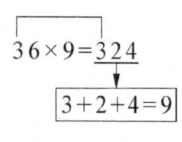 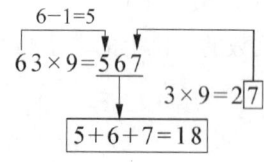 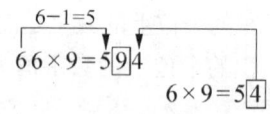

八、课外作业

(一) 作业设计

(1) 运用规律计算。

86×9＝　　　　56×9＝　　　　63×9＝　　　　55×9＝

(2) 算式 82×9 运用规律计算的积为(　　)。

A. 837　　　　B. 938　　　　C. 758　　　　D. 738

(3) 判断。

一个两位数乘九,当这个两位数的十位数字比个位数字小时,它的积的百位上的数字等于前一个因数的十位上的数字减1。　　　　　　　　　　　　　　　　　(　　)

(二) 作业建议

(1) 作业要严格规定好格式,形成良好的作业习惯。

(2) 题目不能超出本节课的知识范围,难度要适中。

(3) 教师检查作业时,注意看学生的做题思路,观察是否运用了本节课学习的规律。

九、教材推荐

推荐教材:刘开云:《一学就会的闪算》,电子工业出版社,2014。

推荐理由:《乘九速算》在该书第二章第一节,书中有对任意数与9相乘做专题的讲解,同时附加了练习题。同时还介绍了任意数与9的重复数相乘的内容,可以使学生对《乘九速算》这一课的学习更为完整。

设计、定稿人:周桃花　方　恩

5. 定义新运算

一、内容简介

通过规则游戏的导入,加深学生对规则的印象,之后回忆从前学过的"＋ － ×
÷"表示的含义,引出今天要学习的定义新运算。通过对比,突出强调要先看清楚题目定义的新规则,然后根据定义规则解决问题。在这个过程中,让学生理解并学会定义新的运算符号,同时根据定义进行演算,最后在学生充分了解定义新运算之后再让学生自己动手设计自己的新运算。

二、教学目标

(1) 通过游戏和计算,理解和掌握定义新运算的含义。
(2) 理解定义新运算的定义规则,并能运用定义的新规则解答这类新运算问题。
(3) 学生通过自己设计定义新运算,探索定义新运算的奥秘。同时,激发他们的学习兴趣,培养规则意识。

三、教学重难点

教学重点:理解和掌握定义新运算的含义。
教学难点:自己设计定义新运算。

四、教学准备

多媒体课件、卡纸。

五、课时安排

1个课时。

六、教学建议

(1) 导入时,教师在带领学生做游戏的同时,要注重课堂纪律,培养学生的规则意识。
(2) 教师在讲解定义新运算解题步骤时,要引导学生说出来,并且要求其他学生复述。

（3）教师在让学生自己设计定义新运算时，应该引导学生充分发挥想象力，发散学生的思维。

七、教学流程设计

（一）游戏导入，激发兴趣

1. 反口令游戏

教师提问：今天在上课之前，我们先来玩一个游戏。游戏的名字叫口令游戏。大家想玩吗？

教师讲解游戏规则：现在先听清楚游戏规则：老师比一的时候，全体起立；老师比二的时候，坐端正；老师比三的时候，举左手；老师比四的时候，举右手。听清楚游戏规则了吗？

2. 师生互动

教师质疑：现在老师再来问一次，比一的时候？比二的时候？比三的时候？比四的时候？学生复述。（课件展示游戏规则）

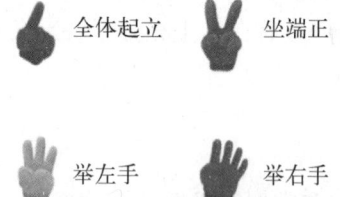

教师首先邀请小组长给大家示范一次：教师做手势，组长做动作。

邀请其他同学充当小裁判。教师引导、评价，给表现好的组长提出表扬，进行加分。

教师质疑：刚刚组长们示范了一遍，同学们，你们准备好了吗？

学生准备好后，教师组织游戏。教师出示手势，学生做相应的动作。

教师评价，对表现好的小组提出表扬：刚刚×组做得又快又对，给×组加上一分。

如果中间有出错的小组，教师引导学生遵守规则：咦，老师看到有同学做错了，游戏开始前，我们说清楚了游戏规则，那么我们做游戏的时候必须遵守游戏规则哟。

一轮游戏结束后，老师边课件出示边引导：现在，我们开始玩第二轮游戏。老师把游戏规则变化一下：比一的时候，坐端正；比二的时候，全体起立；比三的时候，举右手；比四的时候，举左手。你们准备好了吗？

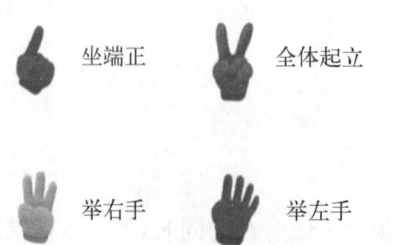

游戏开始，教师做手势，学生做相应的动作。游戏进行第二轮。

在这两轮游戏中,教师要注重引导和表扬。

游戏结束后,教师质疑:

(1) 在第一次游戏中,老师比一表示?(学生回答:站起来)

(2) 在第二次游戏中,老师比一表示?(学生回答:坐端正)

(3) 你们发现有什么不一样的地方了吗?

教师引导学生发现:同样是比一,第一次是站起来,第二次是坐端正。

(4) 这两次游戏中,你们有什么收获?

教师引导学生说出规则的重要性。同时,教师要提醒学生遵守规则。

(二) 揭示课题,探索新知

(1) 复习"＋、－、×、÷"。

教师讲解:其实,在数学中,我们也要按照数学规则来解决问题!

教师质疑:"＋、－、×、÷"这些符号分别表示什么含义?

学生举手发言,教师引导:这些运算符号表示的含义和计算规则是众所周知的,每个人都要遵守这些规则。

(2) 出示新符号。

教师质疑:除了这些,你还知道哪些符号呢?

学生自由回答后,教师课件出示:

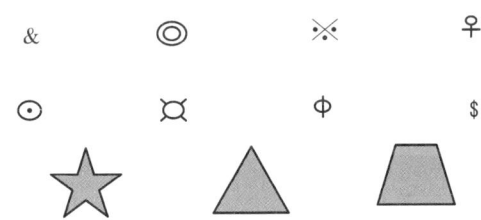

教师引导:在数学计算中,我们要遵守计算规则。

教师课件出示题目:如果定义"/"表示÷,那么27/3＝? 思考一下,应该怎么做呢?

学生举手回答,教师质疑:你是怎么计算出来的?

教师过渡:看来这道题并没有难倒大家,老师把题目变了一下。来,我们一起看。

教师课件出示题目:如果定义"*"表示为"×",那么26*16＝? 这一道题怎么做呢?

学生举手发言,教师质疑:你是怎么计算出来的?

教师揭示课题:同学们,你们觉得这样的题目简单吗? 其实,在数学中把这个类型的题目叫作定义新运算(教师板书课题)。它是由一个符号和已知运算所表达的一种新的运算方式,它所定义的规则可以根据自己的想法和需要去设置。

(三) 通过对比,发现规则

教师提问:同学们,观察一下这两个题目有什么共同特点?

引导学生说出:都是定义一个符号表示四则运算中的一种。

教师质疑:如果把定义/表示÷拿掉,现在27/3＝27÷3＝9还成立吗?

学生回答后,教师继续提问:为什么不成立呢?

引导学生说出:两个符号不相同,代表的意思不同。

教师继续引导:在解决这类题目时,我们要先怎么样?再怎么样?

指名学生回答,教师引导学生说出:先看清楚题目的定义规则,然后根据定义规则解决问题。

教师提问:现在,按照定义"＊"表示"×",那么 25＊16＊16＝?你们思考一下,动手做一做。

学生独立思考后举手发言。

教师引导学生说清楚解题思路。(把算式中的＊转变成×,就是 25×16×16,然后计算,算出来的结果等于 6400)

(四)提升难度,巩固练习

教师引导:刚刚老师发现大家完成得非常好,那接下来我们来看一看这道题:如果 8/4＝8÷4×2,那么 16/2＝?你们想一想,算一算。

学生独立思考,尝试解决。

学生完成后,指名学生上台展示答案。

全班同学一起校对答案,教师引导学生说出解题方法:首先,根据题目要求,我们知道了 8/4＝8÷4×2,然后把新定义规则代入 16/2 中,得到 16/2＝16÷2×2,最后计算结果,得到 16/2＝16÷2×2＝16。

(五)动手实践,设计新题

教师引导:你们想不想自己设计定义新运算的题目呢?

教师继续引导:如果我们要想设计题目,就要知道设计的步骤。通过前面的习题讲解,我们知道第一步可以怎么做?第二步可以怎么做?第三步可以怎么做?

引导学生说出:第一步定义新规则,第二步代入数据,第三步求值。

教师适时提醒学生:在设计时,制定的规则要合理;加上代入的数时,自己能够做出来。

学生小组合作,教师巡视指导。

学生完成后,每组上台展示题目和解题过程。

教师请小组派代表讲解,并校对各组答案。(重点讲解有错误的小组的答案)

(六)课堂小结

总结语:今天我们学习了定义新运算。在解决这样题目的时候,我们只需要知道它的定义规则,然后根据它的定义规则代入数来解题,就可以得到答案。我们还学会了自己设计题目。下课后,你们可以把自己设计出来的题目给同桌或者好朋友做一做,考考他们。

(七)布置作业

一组和二组完成第一题,三组和四组完成第二题。

如果定义"△"表示"＋",那么 16△27△36＝?

如果 4⊖6＝4×6＋4＋6,那么 13⊖7＝?

(八) 板书设计

定义新运算
定义新规则 ——→ 代入数据 ——→ 求值
符号相同，定义不同，算法也就不同。

如果定义"/"表示"÷",那么"27/3=?"	如果定义"8/4=8÷4×2",那么"16/2=?"
27/3 =27÷3 =9 答：最后要求的值是9。	16/2 =16÷2×2 =8×2 =16 答：最后要求的值是16。

八、课外作业

(一) 作业设计

(1) 完成下列各题。

① 如果用"♯"表示"－",那 19♯8♯3＝?

② 如果 5⌢6＝5＋5－6,那 8⌢3＝?

③ 如果 7∗3＝7×3＋3,那 2∗6＝?

(2) 自己拟定一个有关定义新运算的题目,考一考你的父母。

(3) 规定运算"∗"为：a∗b＝a×b－(a＋b)。

① 5∗8　　　　② 8∗5　　　　③ (6∗5)∗4　　　　④ 6∗(5∗4)

(二) 作业建议

(1) 根据所学知识,教师可以布置一些定义新运算让学生进行练习,强化课堂上所学的知识。

(2) 定义新运算练习应该从易到难。

(3) 本课是属于创新型课程,教师在布置作业时,要注重培养学生的创新能力。

九、教材推荐

推荐教材：牛牛爸爸：《牛爸讲奥数》,上海财经大学出版社,2016。

推荐理由：书中的第一讲第七节《定义新运算》对本课的相关知识有所涉及,提前阅读此章节有利于学生对本课的学习。此外,本书的每一个知识点作者都有创设情境,能激发学生的学习兴趣。同时,书中的例题选自各大数学竞赛,解题步骤讲解到位;书中在每小节后有相应的习题,有利于学生巩固知识。总的来说,这本书的设计适用于大多数有小学生的家庭。

设计、定稿人：周　颖　李欢新

二、数学建模

数学建模
拓展资源

6. 毕达哥拉斯树

一、内容简介

本课是一堂培养学生对数学学习的兴趣以及动手操作能力的趣味数学课。课堂上,展示老师制作的毕达哥拉斯树,引起学生们的兴趣。再通过观察与发现毕达哥拉斯树上蕴含的数学知识,让学生产生数学学习的兴趣。最后,通过一起制作毕达哥拉斯树培养学生的动手操作能力,使整堂课都充满趣味性。

二、教学目标

(1) 在观察和发现隐藏在毕达哥拉斯树中的奥秘时,了解、发现、体会勾股定理。

(2) 在观看微视频时,了解数学的发现与生活的联系,体会数学学习的乐趣。

(3) 在自己动手制作毕达哥拉斯树的过程中,明白在制作时应该注意什么,提高动手操作的能力。

三、教学重难点

教学重点:理解勾股定理的含义,能有意识地探究勾股定理的适用范围。

教学难点:通过几组勾股树中的一部分以及一些数据,发现勾股定理。

四、教学准备

多媒体课件、微视频、一棵用于展示的精美的毕达哥拉斯树、三角尺。

五、课时安排

1个课时。

六、教学建议

(1) 教具的准备尽量精美,利于激发学生的好奇心。

(2) 记得提醒学生提前准备好彩笔、三角尺、白纸。

(3) 在制作毕达哥拉斯树的时候,光看教学视频学生们还是很容易出现错误。所以在学生制作过程中,教师一定要多提醒、多观察,适时指导。

七、教学流程设计

（一）谈话导入

教师展示自己制作的毕达哥拉斯树并提问：今天老师给大家带来一个神奇的东西，你们看看这是什么？

学生：一棵树。

教师引入课题：没错，是一棵树。但是这棵树可不是一棵简单的树，它有一个特别的名字，叫作毕达哥拉斯树。今天，我们就一起来探究毕达哥拉斯树的奥秘。（板书课题：毕达哥拉斯树）

（二）新知探究

1. 初步探索

教师启发：

① 请你们仔细观察这棵树，看看它的特别之处在哪里？

学生自由回答，引导学生发现毕达哥拉斯树是一个可以无限重复的图形。

② 这棵树是由哪些图形组成的？

学生们可能会说有很多正方形和三角形，或者说都是正方形和三角形。有的同学观察能力很强，发现这棵树都是由三角形和正方形组成的。

③ 那你们再仔细看看还有什么吗？

引导学生发现排列上的规律：每个三角形旁边都有三个正方形，依次重复下去就组成了这棵树。

如果没有发现排列上的规律，教师引导观察：毕达哥拉斯树上的三角形和正方形在排列上，有什么规律呢？

如果学生有发现，教师先肯定后再质疑：没错，每一个三角形旁边都有三个正方形，毕达哥拉斯树就是由一个三角形和它旁边的三个正方形构成的可以无限重复的图形。同学们可真棒，这么快就发现了这个规律，老师为你们点赞！

继续引导：那这些三角形是普通的三角形吗？在三角形身上会不会也蕴含了奥秘呢？

学生可能会发现这些三角形都是直角三角形，但可能有学生认为不是。

这时教师引导学生验证：请认为毕达哥拉斯树上的三角形不是直角三角形的学生上台，利用三角板的直角进行验证。这时就会发现：所有三角形都是直角三角形。

2. 深入探究

教师引导：那现在我们就一起来探究每一组的这一个三角形和三个正方形，看看它们到底神奇在哪里？

展示自己制作大小不一的三组图形，每一组都是一个直角三角形和三个正方形。（注意：展示时一定要强调这三组是从毕达哥拉斯树上拿下来的三部分）如下图：

再次提问:如果知道三角形的边长你们可以得到什么吗?

学生可能会说三角形的周长或者面积,但是四年级的学生还不会求三角形的面积。

教师适时引导提问:三角形的三条边和相邻三个正方形的边有什么关系?

引导学生发现:三角形的三条边就是这三个正方形的边。

教师再次提问:已知正方形的边,你们可以求出面积吗?

复习正方形的面积公式,给出具体数据,(第一组各边长度为 3、4、5;第二组各边长度为 6、8、10;第三组各边长度为 5、12、13;单位:cm)学生们分组进行计算后,每组请一位同学汇报答案。

板书如下:

13×13=169	10×10=100	5×5=25
12×12=144	8×8=64	4×4=16
5×5=25	6×6=36	3×3=9

引导学生发现三组数据之间的规律:两个小正方形的面积之和就是大正方形的面积。发现规律后,再回到三角形与正方形的关系问题。

教师启发:各个正方形的边也分别是三角形的三条边,如果我们给这几条边编号分别是 a、b、c,那么你能写出关于它们关系的式子吗?

引导学生们写出:a×a+b×b=c×c。

3. 归纳结论

教师总结:同学们很棒,得到了它们之间的关系式,这个关系式就是毕达哥拉斯定理。毕达哥拉斯树就是根据这个定理画出来的一个可以无限重复的图形。那么毕达哥拉斯是怎么发现这个定理的呢?我们一起来看视频了解一下。

教师播放微视频,学生仔细观看。

4. 动手操作

教师引导:布置任务,视频看完了,现在到了你们动手的时刻,每组都需要制作一棵毕达哥拉斯树,你们有信心吗?

教师播放制作毕达哥拉斯树的微视频,学生仔细观看,说说制作的过程。

学生分小组制作,教师巡视指导。

发现问题时,教师可以在黑板上演示,并讲解制作过程中需要注意的地方。

(三) 全课总结

教师小结:这节课我们学习了毕达哥拉斯定理,还动手制作了毕达哥拉斯树。那老师有一个任务想交给你们,今天我们学习毕达哥拉斯定理的时候,都是用在直角三角形上,那你们觉得其他的三角形可以用毕达哥拉斯定理吗?这个问题就交给你们课后思考。

(四)板书设计

毕达哥拉斯树

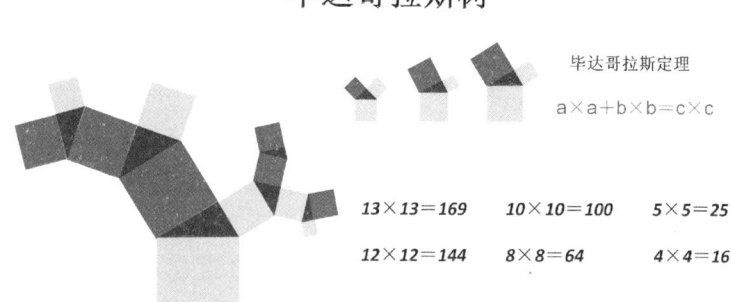

八、课外作业

(一)作业设计

(1)将课上没有完成的毕达哥拉斯树课后继续完成。

(2)探究其他三角形是否适用于毕达哥拉斯定理。

(3)上网查找资料,看我国古代的数学家是否发现了此定理,你能说说我国古人把这个定理叫作什么吗?

(二)作业建议

(1)本课时主要是让学生初步认识毕达哥拉斯定理,经历其探索过程。所以作业的设计不宜过难,主要以培养学生学习数学的兴趣为主。

(2)课堂上只探究了毕达哥拉斯定理适用于直角三角形,那么其他三角形能使用毕达哥拉斯定理吗?这一问题留给学生课后探究,给学生留有思考的余地,使课堂更加完整。

九、教材推荐

推荐教材:[韩]图画树团队著,李学权译:《幻想数学大战 14 毕达哥拉斯的定理》,中国城市出版社,2013。

推荐理由:《幻想数学大战》丛书的内容完全不同于以往单一的书本编写模式,其内容以惊险刺激的故事情节激发儿童对数学的兴趣,享受学习数学的乐趣。

设计、定稿人:钟文静

7. 斐波那契的兔子

一、内容简介

《斐波那契的兔子》一课主要讲解的是斐波那契数列,它又被称作黄金分割数列。因为数学家列昂纳多·斐波那契是以兔子繁殖为例子来引入的,故又称为"兔子数列",实际上指的就是这样一列数:1、1、2、3、5、8、13、21、34、55、89、144……在本课的教学中,我们将经典的"兔子繁殖问题"作为探究对象,在学生自主学习和动手操作的过程中,要求其分析并解决兔子繁殖问题,并能从中发现奥秘,即由兔子繁殖问题引出的斐波那契数列。以此来培养学生思考问题、探究问题的能力,开拓其视野,增强对数学学习和数学探究的兴趣。

二、教学目标

(1) 在主动思考和动手操作的过程中,分析并解决兔子繁殖问题,发现蕴含于其中的斐波那契数列,并知道斐波那契数列的特征。

(2) 在自主探索与小组合作学习的过程中,学会运用不同的办法解决问题;同时,培养学生的探究精神与合作交流意识。

(3) 体会数学学习的乐趣,增强学生对数学学习的兴趣和主动参与数学探究的欲望。

三、教学重难点

教学重点:分析并解决兔子的繁殖问题,发现蕴含于其中的斐波那契数列。
教学难点:分析并运用多种方法解决兔子繁殖问题。

四、教学准备

多媒体课件、统计表、若干张兔子卡片。

五、课时安排

1个课时。

六、教学建议

(1) 教师在向学生提出兔子繁殖问题时,可借助实物进行演示讲解,务必要学生明白题目中兔子是怎样生长繁殖的。

(2) 在共同探究兔子繁殖问题时,要注重解题的多样性。

(3) 在教学中,教师应充分给予学生独立思考、独立观察的时间,注重培养学生主动探究问题、发现问题的能力。

七、教学流程设计

(一)趣味猜谜,引入新课

新课伊始,教师谈话引入:同学们好,再一次见到同学们一张张可爱的脸庞,老师感觉开心。为了这个愉快的下午,我也是做足了准备。看,首先我给大家带来了一个谜语,请你猜一猜它的谜底是什么?

课件出示谜面:红红眼睛白白毛,长长耳朵短尾巴,爱穿一件白皮袄,走起路轻轻跳。

在学生答出谜底为兔子之后,教师引导:我之所以给大家出这样一个谜语,是因为我们今天要研究的问题也和兔子有关,它是"斐波那契的兔子"。(教师板书课题)

(二)开动脑筋,难题易解

1. 提出问题,理清关系

教师引导:说到斐波那契的兔子,这究竟是怎么一回事呢?接下来,就请大家像兔子一样竖起耳朵仔细听啦。

在公元1202年,意大利商人斐波那契在他的《算盘全书》中提出过一个"兔子繁殖"问题,这个问题一经提出就被很多人研究。这道题说的是:有一个农夫买回了一对小兔,一个月后小兔长成了大兔。再一个月后,大兔生了一对小兔。又过了一个月,原来的大兔又生了一对小兔,而上个月生出的小兔又长成了一对大兔。

教师提问:故事讲到这里,同学们猜一猜,再过一个月,农夫的兔子又会发生怎样的变化呢?

引导学生理清故事内容并通过推理判断出:再一个月后,会有三对大兔,两对小兔。

教师顺势引导:那谁能说一说,故事中的兔子在生长和繁殖过程中,有什么规律?

引导学生思考并发现:小兔长成大兔必须要经过一个月的时间,大兔要生出小兔同样必须经过一个月的时间。

最后教师抛出斐波那契的提问:如此下去,假如在这个过程中没有死掉一只兔子。你知道一年后,这个农夫会有多少对兔子吗?

2. 初步探究,尝试解题

呈现问题并理清关系后,教师引导:我们发现,这个问题并不难,关键在于推算过程中能否做到不重复不遗漏不出错。所以现在我把主动权交给大家,你能想到哪些简便、实用的办法解决此题呢?

学生自主尝试,教师个别指导。

指名学生自由表达思维过程和解题方法。

学生可能会想到的办法如下:

(1) 文字记录法。

一月:1对小兔子

二月:1对大兔子

三月:1对大兔子　1对小兔子

四月:1对大兔子　1对小兔子　1对大兔子

五月:1对大兔子　1对小兔子　1对大兔子　1对大兔子　1对小兔子

……

在学生说明自己的记录过程时,教师应要求:小老师在向同学们讲解自己的方法时,一定要详细具体,要说清楚每一月的大兔、小兔是通过怎样的变化得来的?

在学生说到第三月时,教师应特意提问:为什么到第三月时,会是一对大兔和一对小兔呢?以此引起全体学生注意,并让学生们知道:从三月起,上一月的大兔,在下一个月依旧存在。

当该学生说到第五或第六月时,其他同学可能会提出:这样记录并不简便。

于是教师顺势引导:××同学的方法清楚地记录了每一月大兔、小兔的变化过程,看得出他在积极的思考,值得赞扬。但我们也发现,他的这个文字记录法在实施过程中会很麻烦,那谁能提出更好的建议来改进此办法?

(2) 符号记录法。

结合之前的学习经验,学生可能会想出用符号代替文字的办法:

　　　一月:△　　　　　　　1对小兔子:△

　　　二月:☆　　　　　　　1对大兔子:☆

　　　三月:☆　△

　　　四月:☆　△　☆

　　　五月:☆　△　☆　☆　△

　　　六月:☆　△　☆　☆　△　☆　△

　　　七月:☆　△　☆　☆　△　☆　△　☆　△　☆　△

……

指名学生说明使用符号记录法的好处。

引导学生再度思考,发现:符号记录相比之前的文字记录的确简便许多,但在实施过程中依旧比较麻烦。

教师继续引导:符号记录的确有改进和可取之处,但同样地随着兔子的不断增多,记录过程会愈加烦琐。所以请再深入思考,还有什么更好的记录办法?

3. 深入探究,发现奥秘

(1) 利用表格,深入探究。

教师提示:我们在记录时,可否将图文和数结合起来呢?请你联系之前学习的《有趣的推理》这一课,看看能否得到一些启示?

引导学生结合已有经验想到:可以利用表格进行记录。教师适时将附有四行十三列的表格卡纸贴在黑板上:

教师启发：① 同学们和老师真是心灵相通呀，正巧我这里为大家准备了表格，那具体填写什么内容呢？

学生独立思考，指名汇报。

② 请你想想，我们在利用表格记录兔子的生长、繁殖变化时，需要呈现哪些信息？

引导学生明确：表格中至少要呈现"月份、大兔子对数、小兔子对数、兔子总对数"四项信息，教师适时将这四项内容填入表中，如下所示：

月份	1	2	3	4	5	6	7	8	9	10	11	12
大兔子对数												
小兔子对数												
兔子总对数												

③ 填写到这里，谁还有办法将表格第一列内容再次简化？

引导学生发现并提出：第一列可以利用符号表示，即"大兔子对数：☆；小兔子对数：△；兔子总对数：☆＋△"。改进后的表格如下所示（符号根据学生的实际确定）：

月份	1	2	3	4	5	6	7	8	9	10	11	12
☆												
△												
☆＋△												

教师示范填写第二、三列（即第1、2月）的内容。

④ 指导学生补充后面的内容：接下来，请大家独立思考并补充完整表格。在得出答案的同时，要仔细观察并寻找规律。

学生各自完成填表任务后，师生再次共同填写黑板上的表格，如下所示：

月份	1	2	3	4	5	6	7	8	9	10	11	12
☆	0	1	1	2	3	5	8	13	21	34	55	89
△	1	0	1	1	2	3	5	8	13	24	34	55
☆＋△	1	1	2	3	5	8	13	21	34	55	89	144

得出答案：一年之后，农夫会有144对兔子。

（2）观察表格，发现规律。

教师提问：观察表格，你能发现什么规律？谁来说一说？

学生自由表达意见，教师适时引导。

最后师生共同总结得出：① 上一个月的大兔子对数等于下一个月的小兔子对数。② 上一个月的兔子总对数等于下一个月的大兔子对数。③ 每月兔子的总对数是大兔子对数与小兔子对数的和。（教师板书：上一个月的☆→下一个月的△；上一个月的☆＋△→下一个月的☆；每一个月的☆＋☆→☆＋△的和）

教师继续提示引导：以上三条规律显而易见，但还有一个规律没有被发现。请你们再仔细观察表格,还有其他规律吗?

引导学生发现并说出:表格最后一行中,所有数的排列存在规律,即从第三个数起,后一个数总是前两个数的和。

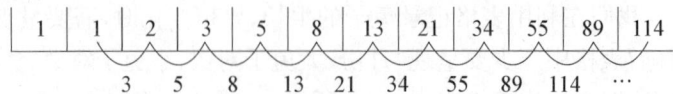

(3) 课外拓展,深化规律。

教师边展示课件边说明:其实这组神奇的数列早在公元前1202年,斐波那契提出兔子繁殖问题时就发现了,1,1,2,3,5,8,…,55,89,…这组数列也因此得名:"斐波那契数列""兔子数列"等。

斐波那契数列在我们的生活和大自然中也有体现!如经常出现在我们眼前的——松果、凤梨、向日葵、蜂巢等。如果你留心观察,从他们的形状排列中也能发现斐波那契数列。我建议大家在课后翻阅有关书籍或上网查阅资料,任选一种"生活中的斐波那契数列"进行详细了解,下次课我们进行分享。

(三) 全课总结

你看,数学之所以神奇有趣,就是因为它可以源于生活,用于生活。只要我们勤于思考、勤于探索,我们也可像斐波那契一样,从看似平常的生活问题中,发现数学奥秘。

(四) 课堂作业

题文:某人栽种了一棵树,一年后长出一条新枝,新枝隔一年后又成为老枝,又过一年,老枝长出一条新枝,如此下去,请问第十二年会有多少新枝?

(五) 板书设计

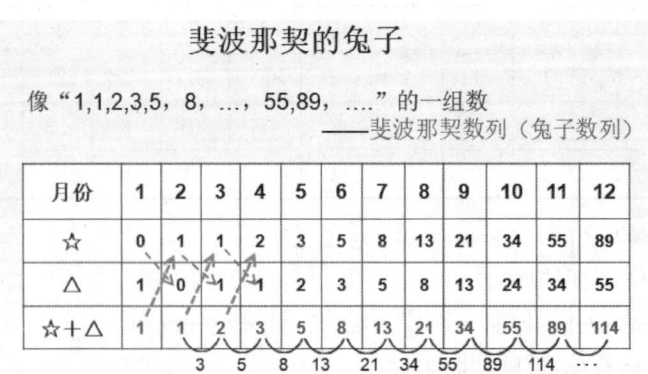

八、课外作业

(一) 作业设计

(1) 请你在家长的帮助下,通过查阅有关书籍或上网搜索,了解并整理植物界中存在的斐波那契数列,并说说自己的感悟。

(2) 联系正方形、长方形面积的相关知识,你能利用大小不一的正方形、长方形表示斐波那契数列吗?

(3) 结合斐波那契数列知识,求解:若共有十二级台阶,每次至少向上走一级,最多走两级,请问有多少种不同的走法?

(二)作业建议

(1) 教师在布置课外作业时,可选择较为开放的题型。
(2) 教师可以适当设计渗透"数形结合"思想的练习题。
(3) 教师在布置作业时,应尽量避免题目类型过于单一;在选择题目时,难易程度要适中,不能超出学生的能力范围。

九、教材推荐

推荐教材:吴振奎:《斐波那契数列欣赏》,哈尔滨工业大学出版社,2010。

推荐理由:《斐波那契数列欣赏》系统地介绍了斐波那契数列的性质和应用,将知识性与趣味性融为一体,阐述了几代数学家的思维方法,内容丰富,妙趣横生。书中详细介绍了斐波那契数列与植物生长等自然现象,以及几何图形、黄金分割、杨辉三角、矩阵运算等数学知识的微妙联系。阅读该书利于教师及学生更全面的了解斐波那契数列,感受、欣赏数学的美。

设计、定稿人:李佳穗

8. 有趣的回文数

一、内容简介

回文数指的是顺着读、倒着读读法都相同的自然数。本节课先利用回文引出回文数,激发学生的学习兴趣,再和学生一起发现回文数的特点,把两位数中不是回文数的自然数通过计算变成回文数;接着,让学生借助计算器尝试计算,发现无法算出196的回文数,以此引出196是目前为止计算不出的回文数中最小的一个数,从而激发学生探究欲望,最后以生活中的回文诗结课。

二、教学目标

(1) 认识回文数,掌握反向相加法,理解倒序数。
(2) 运用反向相加法求回文数,进一步掌握、熟练三位数与四位数的加法运算,提高运算能力。
(3) 用回文导入,回文诗结课,拓宽学习视野,感受数学内在的魅力,增强数学学习的乐趣,欣赏数学的美。

三、教学重难点

教学重点:认识回文数,掌握196算法。
教学难点:掌握196算法。

四、教学准备

多媒体课件。

五、课时安排

1个课时。

六、教学建议

(1) 教师在准备倒序数的动画时,建议把倒序数放在原数的下方,更好地让学生理解数字移动的过程。
(2) 教师直接引入反向相加法应多举几个例子来证明方法可行后,再来练习。
(3) 在同学上台展示计算结果时教师要强调书写计算过程,便于了解学生掌握情况。

七、教学流程设计

(一) 激趣导入

1. 谈话引入

今天老师给同学们带来了很特别的三句话,我们一起来看看这三句话到底特别在哪呢?(出示课件)

① 人人为我,我为人人
② 南湖人在湖南
③ 上海自来水来自海上

指名学生朗读。

教师提问:仔细观察,你们发现这三句话的特征了吗?
引导同学回答:这三句话顺读、倒读,读法都相同。
教师质疑:有同学发现这三句话顺读、倒读读法都相同,那我们一起来验证,到底是不是这样的呢?请男生顺着读、女生倒着读,一起来把这三句话读一遍。
学生分角色齐读,感受、验证规律。
教师普及说明回文的概念:顺读、倒读读法相同的句子叫作回文句。

2. 初识回文数

教师引导:语文当中有回文,其实我们数学中也有回文,叫作回文数,根据我们刚刚了解的回文特点,你认为什么样的数才是回文数?你能举个例子来说说吗?
教师把学生猜想的数写在黑板上,我们一起来看看,到底什么样的数叫作回文数呢?
课件展示:

第四部分　教学指导

我们把顺着读、倒过来排序读，读法相同的自然数叫作回文数，例如：77　121　5665　78987

教师先指名同学顺着读这四个数，再用课件展示把这四个数倒过来排序：从77开始，到78987，把每个数的个位到最高位按照个位移到最高位、十位移到次高位的顺序一个一个移到对应数的下面，让学生进一步理解倒过来排序的概念。

```
       顺着读和倒过来排序读  读法相同
           77                121
           77                121
          5665              78987
          5665              78987
```

再指名读倒过来排序的数，引导同学发现：无论是顺着读、还是倒过来排序读这两种读法相同。

教师回过头来看刚才学生猜想的回文数，全班一起订正。

教师质疑：是否除了刚才老师举例的数和同学们猜想的数就没有其他回文数了呢？

引导学生举例列出其他回文数。

3. 教师引出课题

同学们刚才说出了很多的回文数，今天啊，我们就一起来研究有趣的回文数（板书课题）。

（二）探究新知

1. 发现回文数特征

教师提问：同学们都知道了什么是回文数，那回文数有什么样的特征呢？

教师课件展示两位数、三位数、四位数与五位数的回文数：

```
     22        44        55
    868       909       414
   5885      3773      1001
  12321     35653     68986
```

引导学生发现：

① 两位数的回文数：个位与十位相同。

② 三位数的回文数：个位与百位相同。

③ 四位数的回文数：个位与千位相同，十位与百位相同。

④ 五位数的回文数：个位与万位相同，十位与千位相同。

2. 尝试判断回文数

在学生发现回文数的特点后，教师提问：刚才我们知道了自然数中有很多很多的回文数，但是，有更多的数不是回文数，谁能来说一说你知道有哪些数不是回文数呢？

学生可能回答：14、456、234等。

教师从学生回答的数中选一个大于10小于19的数写在黑板上，例：14。提问：14是回文数吗？（不是）

3. 反向相加求回文数

教师介绍反向相加法:14 不是回文数,那怎样使它成为一个回文数呢?今天老师给大家介绍一种方法——反向相加法。

教师边板书反向相加法边质疑:相加大家都明白,反向是什么意思呢?

引导学生说出:反向就是反过来的意思。

教师继续提问:那 14 反过来是多少呢?(41)

教师引出倒序数:今天我们就给 41 取一个美丽的名字——倒序数。(教师板书倒序数)

引导学生根据反向相加法得出:用原数加上它的倒序数,即 14+41=55,发现用这种方法可以得出回文数。

教师质疑引导:14 可以通过反向相加法得到回文数,那其他的两位数可以通过反向相加法得到回文数吗?我们一起来验算一个数——18。

学生独立计算,汇报:18+81=99,

再次计算:28+82=110。

学生可能提出:28 不能用反向相加法得回文数。

教师质疑引导:那反向相加法真的不能得出回文数了吗?刚才我们只用了一步就得到回文数,那么,反向相加法只能用一步吗?

引导学生继续计算得出:① 28+82=110,② 110+11=121。

教师质疑:为什么 110 的倒序数是 11 而不是 011 呢?

引导学生回答:因为数的最高位不能为 0。

4. 反馈练习

教师引导:大家掌握反向相加法了吗?请你再次用反向相加法计算 95。

学生先独立计算,再指名汇报展示,集体订正:① 95+59=154　② 154+451=605　③ 605+506=1111

5. 小组 PK

教师边出示课件边引入:大家都掌握了反向相加法,现在,我们就来进行小组 PK,老师这里有四组数,每组同学找到格子对应的那组数据,用反向相加法计算出它们的回文数,看看哪一组能又快又准地计算出来。

第一组:13　54　57
第二组:17　41　49
第三组:15　32　58
第四组:29　65　48

学生分组合作,展示答案:

第一组　　13+31=44　　54+45=99　　57+75=132
　　　　　　　　　　　　　　　　　　132+231=363

第二组　　17+71=88　　41+14=55　　49+94=143
　　　　　　　　　　　　　　　　　　143+341=484

			58＋85＝143
第三组	15＋51＝66	32＋23＝55	143＋341＝484
第四组	29＋92＝121	65＋56＝121	48＋84＝132
			132＋231＝363

教师与学生一起订正。

教师提问：观察这四组数，你发现了什么？

引导学生得出：

① 个位上的数字加十位上的数字的和不超过 9 且相加等于 11 的两位数，用反向相加法得到回文数只需要一步。

② 个位上的数字加十位上的数字的和超过 9 且相加不等于 11 的两位数，用反向相加法得到回文数需要多步。

③ 个位上的数字和十位上的数字相加的和相同的两个两位数，使用反向相加法得到的回文数一样。

教师与学生一起对每一条规律进行举例验证。

（三）深入探究

（1）教师提问：我们刚才计算的都是通过反向相加法得到两位数的回文数。那，三位数能不能通过反向相加法得到回文数呢？我们一起来探究。

教师展示课件，并请教师认为整节课表现最好的一组先选一组数进行探究，再请表现第二名的组选数，以此类推。

① 196

② 123、324、241

③ 195

④ 234、451、315

（第一组数不能用反向相加法得到回文数）

教师在第一组同学们说不能得到回文数时，应允许所有学生一起用计算器计算 196 的回文数。

学生发现用计算器算 196 的回文数也算不出来。

（2）教师边课件展示边及时解疑：其实啊，数学家们到目前为止还有 13 个三位数的回文数没有计算出来。

它们是 196、295、394、493、592、689、691、788、790、879、887、978、986。

196 是其中最小的一个数，为了纪念这 13 个数，我们又把这种反向相加计算找回文数的方法叫作"196 算法"。

感兴趣的同学课后可以着重研究一下，说不定你能有新的发现，希望同学们未来也能为数学的发展做贡献。

（四）全课总结

(1) 教师引导：今天我们了解了回文，学习了回文数。在古代，还有回文诗呢！回文诗又是什么呢？我们一起看视频。

视频链接：https://v.qq.com/x/page/j0155la87g5.html

学生认真观看，了解。

(2) 教师提问：今天这节课，你学到了什么呢？

学生自由回答：① 了解了回文。② 学会了把不是回文数的数通过反向相加法计算得到回文数。③ 了解了回文诗。

教师总结：今天和大家度过了很愉快的一节课，我们了解了回文，学会了把一个不是回文数的数通过计算得到了回文数，还了解了回文诗，其实生活当中有很多事物都是息息相关的，希望大家以后也能留心观察生活。

（五）作业布置

请在100以内的数中找出三个用"196算法"算出的回文数相同的数。

（六）板书设计

有趣的回文数

14 ⟶ 41(倒序数)

第一组：	第二组：		第三组：	第四组：
13+31=44	17+71=88	14：14+41=55	15+51=66	21+12=33
54+45=99	41+14=55	17：17+71=88	32+23=55	25+52=77
57+75=132	49+94=143	28：28+82=110	58+85=143	48+84=132
132+231=363	143+341=484	110+11=121		231+132=363
		95：95+59=154		
		154+451=605		
		605+506=1111		

八、课外作业

（一）作业设计

(1) 抄写一首或二首回文诗。

(2) 说一说生活当中你还知道哪些回文句。

(3) 用反向相加法计算1、2、3、4四个数字组成的数中任意两个数的回文数。

（二）作业建议

(1) 教师要考虑学生的学情，作业设计应难度适中。

(2) 从回文或回文诗入手，使课后作业更具有趣味性。

(3) 以书写的格式交作业，并在下节课上课前交齐作业。

九、教材推荐

推荐教材:刘玉中:《趣味数学谜题》,中国青年出版社,2011。

推荐理由:《趣味数学谜题》书中有很多实用的解题方法,也有很多世界经典数学问题,甚至奥数题。通过参考本书,可以开拓思维。

设计、定稿人:阳婷婷 张娟文

9. 数学黑洞

一、内容简介

《数学黑洞》主要是了解数字在数学中的灵活运用,其核心是建立在减法运算过程中的,让学生用三位数和四位数通过固定的运算步骤得到固定的值,这个值就像一个黑洞。本节课通过让同学们自己挑选喜欢的三位数进行固定规则的运算,发现数学的奥秘,体会数学的神奇与美。

二、教学目标

(1)能熟练进行三位数的减法运算,提高运算能力,了解数学黑洞。
(2)通过探究数学黑洞,培养自主探究的意识,提高合作交流的能力。
(3)通过对数学黑洞的探究与了解,激发学习数学的兴趣,体会数学的神奇与美。

三、教学重难点

教学重点:经历数学黑洞的形成过程,发现数学黑洞中的规律。
教学难点:发现数学黑洞中的规律,培养自主探究的意识。

四、教学准备

多媒体课件。

五、课时安排

1个课时。

六、教学建议

(1)游戏导入环节教师应注意将495写在纸条上,注意语气语调保持神秘感,营造探究氛围,把学生带入课堂学习中。
(2)所有的规律都应是教师引导同学们去探索、发现,而不是教师直接讲述规律。
(3)学生在进行小组合作时,教师应时刻关注学生的探究情况,适时指导。

七、教学流程设计

（一）游戏导入（减法大PK）

教师游戏导入：老师组织一次减法比赛，请同学们准备好三个不同的数字，教师也写下三个不同的数字(495)在纸条上，并请坐得最端正的学生保管好纸条。

教师多指名几位学生来说一说写的三个数字分别是什么，全班同学一起来判定这三个数是否符合要求。

教师挑选一个不含0的三个不同的数字进行示范，请同学们按要求计算：

① 这三个数字组成的最大的数和最小的数各是多少；
② 再用最大的数减去最小的数进行减法运算；
③ 同学回答得到的结果再重新排列，组成最大的三位数和最小的三位数；
④ 请一位同学在黑板前计算，直到得到的答案不变，为——495。

```
   951        972        963        954        954
 − 159      − 279      − 369      − 459      − 459
 ─────      ─────      ─────      ─────      ─────
   792        693        594        459        459
```

教师请保管纸条的学生打开刚才写的纸条，并念出纸上的数——495。

接着质疑：这是否是个巧合呢？其他三个不同的数字组成的三位数是不是也能通过这样的计算得到495呢？让我们一起来验证。

（二）新知探究

学生独立验证：用自己刚开始写的三个不同的数，按照教师在黑板上示范的步骤进行运算：三个不同的数字组成最大的三位数和最小的三位数，相减得到了新的三位数；又组成最大的三位数和最小的三位数再相减，通过这样计算看看能否得到495。

指名多位学生汇报、验证：最后都得到了495。

教师质疑引导：如果这三个不同的数之间包括0这个数，那最后的结果是否还会是495呢？

举例验证。如：学生举例三个含0的不同的数：3、2、0。

指名学生说出3、2、0这三个数字组成的最小的数和最大的数（最大的三位数是320，最小的数是23）分别是多少时，教师质疑：为什么3、2、0组成的最小的数是23呢？

学生思考后可能回答：因为0不能在最高位

教师继续：为什么0不能在最高位呢？

引导学生明确：我们把占有一个数位的数叫作一位数，占有两个数位的数叫两位数，如果0能在最高位，那15就能写成015，甚至像0015这样，同一个数我们就能任意的称它为几位数，所以，最高位不能为0。

学生在草稿纸上得出结果。

集体订正，引导得出：三个不同的数字（包括0），按照上面的步骤进行计算都能得到 495。

教师质疑:一开始老师要求选三个不同的数字,那数字相同可以吗?他们会不会也有自己的秘密呢?

教师出示 4 组数,学生分组验证:

① 7、3、3　② 9、9、8　③ 6、6、6　④ 4、6、6

指名上台展示,得到:7、3、3 和 4、6、6 可以得到 495,9、9、8 和 6、6、6 不能得到。

教师引导学生总结:

① 三个数字相同,肯定不能得到 495;两个数字相同时,不一定能得到 495(数字相差为 1 时,得不到)。

② 如果一定想要得到 495,就得保证写三个不同的数字。

教师介绍"数学黑洞",并板书课题(首先解释黑洞,黑洞它是宇宙的一种天体,它的质量特别大,小的黑洞都是太阳质量的十几倍,大的是太阳质量的一百多亿倍呢!)。刚刚我们说的数学黑洞就是 495 黑洞:选择三个不同的数字,经过最大三位数减最小三位数的重复计算,最后都被 495 给吸进去了。

黑洞

它是宇宙的一种天体,它的质量特别大,小的黑洞都是太阳质量的十几倍,大的是太阳质量的一百多亿倍。

(三) 回顾总结

教师质疑:现在请大家仔细想想,刚刚我们是怎么玩这个游戏的?首先要?接着?

引导学生一起回顾:

第一步:先写出三个不同的数字;

第二步:用这三个数字组成最大的三位数和最小的三位数;

第三步:最大的三位数减最小三位数就这样依次循环,就能得出数学黑洞 495。

教师再次指名两位学生复述得到数学黑洞 495 的过程。

(四) 思维拓展

教师抛出问题:这是三位数的数学黑洞,那四个数字有数学黑洞吗?是什么呢?还会是 495 吗?有相同的数字行不行?

出示小组讨论要求,让学生明确:

① 先独立思考四位数的数字黑洞是什么,怎么求,再小组讨论。

② 组内派代表记录你们组讨论出来的求四位数数字黑洞的流程。

学生先独立思考四位数的数学黑洞游戏该怎么做,然后再小组讨论。

教师巡视,观察学生的计算情况。

找出一位小老师带领全班同学一起探索四位数的数学黑洞,教师在一旁引导补充,得出四位数的数字黑洞流程:

① 写出四个不同的数字;

② 将它组成最大的四位数和最小的四位数;

③ 最大的四位数减最小的四位数;

④ 得到的新数组成最大的四位数和最小的四位数;

⑤ 最大的四位数减最小的四位数……

教师对上台展示的学生给予肯定,并鼓励大家主动思考、大胆表达。

教师边出示课件边讲解。

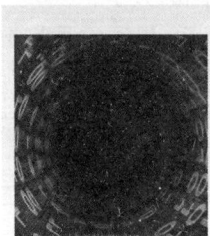

数字黑洞6174.

输入四个不同的数字,得出最大数和最小数;两者相减,得到一个新数;将新数组成最大数和最小数,再相减,最后总会得到6174。

(五)全课总结

教师提问:通过今天这节课,你学到了什么?

学生自由回答,教师引导学生回忆三位数及四位数的数学黑洞探索过程。

教师总结:今天老师和大家度过了非常愉快的一节课,我们一起探索了数学黑洞495和6174,并且还对它们提出了很多新问题呢!老师相信只要大家勇于探索、敢于探索,一定能发现更多的秘密。

(六)课堂作业

探究四位数有 0 的情况时是否可以得到 6174,并举例说明。

(七)板书设计

数学黑洞

三位数的数字黑洞495			四位数的数字黑洞6174		
5 9 1			4 3 2 1		
		最大数—最小数			
951	972	963	4321	8730	8532
−159	−279	−369	−1234	−378	−2358
792	693	594	3087	3852	6174
954	954		7641	7641	
−459	−459		−1467	−1467	
495	495		6174	6174	

八、课外作业

（一）作业设计

（1）探究计算四位数的数学黑洞时出现错误计算能不能得到 6174。
（2）计算 7889、3321 是否能得到数学黑洞 6174。
（3）跟父母讲一讲三位数与四位数的数学黑洞是如何得来的。

（二）作业建议

（1）教师在布置课后作业时应注意作业方式的多样化，例如：计算作业、探究作业。
（2）探究内容应与本课内容相关联，不宜太复杂。
（3）要求学生以书写方式完成作业，并在下节课下课之前交给教师批改。

九、教材推荐

推荐教材：韩垒：《我的第一本趣味数学书》，中国纺织出版社，2012。

推荐理由：《我的第一本趣味数学书》讨论了看似简单却又蕴含着丰富多彩知识的题目，煞费思考的问题，引人入胜的故事，有趣的难题，教师可结合这本书中的故事及知识更好地展示这节课。

设计、定稿人：张梓林　阳婷婷

10. 格点与面积

一、内容简介

本课通过让学生充当小裁判，引出对一些简单格点多边形的面积与格点关系的探究，发现皮克定理。并运用皮克定理解决开课时争论的土地面积大小问题，让学生深切地感受到数学知识在生活中的普遍运用，注重于培养学生的探究能力以及数学思维的发展，培养学生对数学学习的兴趣，拓宽学生的知识视野。

二、教学目标

（1）经历自主探究的过程，发现面积与格点数的关系，初步认识皮克定理。
（2）通过计算格点多边形的面积，对皮克定理有更加深入的了解，能灵活地运用皮克定理解决实际问题，进一步发展探究、交流、解决问题的能力，建立空间观念。
（3）发展对数学学习的兴趣，发现数学的美。

三、教学重难点

教学重点：通过探究格点与面积的关系发现并理解皮克定理。
教学难点：能灵活运用皮克定理来解决实际问题。

四、教学准备

多媒体课件、卡纸、表格。

五、课时安排

1个课时。

六、教学建议

(1) 在导入时教师要尽量让更多的学生发表自己的看法,点燃学生激情,营造课堂氛围。

(2) 教师应多从学生的想法、发现入手,以学生为主体,引导学生去动手探索、发现、总结。如在学生探究、交流、发现面积与格点数的关系时,教师可以从学生的发现入手,进一步引导学生深入探究其关系。

七、教学流程设计

(一) 情景导入

教师谈话引导:在上课之前,老师先来讲一个故事,同学们要边听边思考,老师需要你们等会来当小裁判。

教师边播放微课边讲述故事:

有兄弟俩人,在父亲过世后分到了两块土地,左边这块是哥哥的地,右边这块是弟弟的地。结果,因为两块地的面积大小问题,兄弟俩发生了冲突,弟弟说:"你的地里有17棵树,我的地里只有16棵树,你的面积肯定比我大。"哥哥说:"你的地一圈有17棵树,我的地一圈只有15棵树,你的面积肯定比我大。"

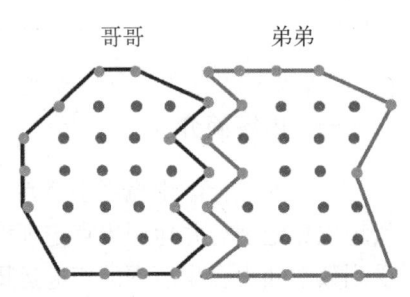

教师引导思考:兄弟俩因为土地的面积大小问题发生了冲突,你们觉得到底谁的面积更大? 谁来当小裁判?

学生独立思考并自由发表自己的想法。

教师总结:每个同学都有自己的想法,那么到底谁的面积更大? 谁说的才是对的呢? 这节课我们一起来动手探究格点与面积的关系,寻找正确答案。(教师板书课题:格点与面积)

(二) 初步探究

(1) 教师引导:在探究之前我们先要认识这几个关键词。

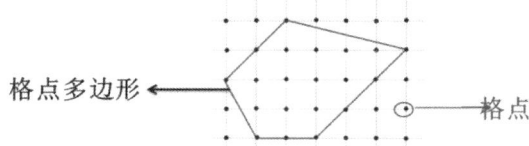

如图,在网格纸上画着纵、横两组平行线,相邻平行线之间的距离相等,在这两组平行线的交点称为格点,如果一个多边形的顶点都在格点上,那么多边形就叫做格点多边形。

学生仔细阅读,说说自己的理解。

教师引导学生理解:在之前讨论的土地问题中,兄弟俩的土地就相当于两个格点多边形,而格点就相当于土地里的树,一个格点多边形中间的格点数叫作中间格点数,围成一个格点多边形一周的格点数叫作一周格点数。

(2) 教师引导思考:一个格点多边形的面积与中间格点数有关还是一周格点数有关呢? 如果都有关,它们又存在着什么样的关系呢? 我们首先来对一些简单的格点图形进行探究,看看我们能不能发现些什么(课件图示):

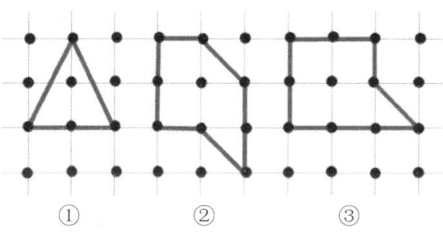

① ② ③

(每个方格的边长为 1 cm,面积为 1 cm²)

学生尝试填写表格:

	①	②	③
一周格点数			
中间格点数			
面积			
关系			

教师逐步引导:

① 第一个图形是三角形,我们数它一周的格点数是 4,中间有 1 个格点,它的面积通过割补法与数格子求出是 2。

② 第二个图形是个不规则图形,我们数它一周的格点数是 8,中间有 1 个格点,它的面积通过割补法与数格子求出是 4。

③ 第三个图形也是个不规则图形,我们数它一周的格点数是 9,中间有 1 个格点,它的面积通过数格子求出是 4.5。

(3) 教师质疑:刚刚我们通过数格点数以及求这些图形的面积得到了这些数据,现在观察这些数据,看看格点多边形的面积与格点数到底有没有关系?

学生独立思考,分享发现。

结合学生回答,教师适时引导发现并完成表格:面积＝一周格点数÷2(如下图)

	①	②	③
一周格点数	4	8	9
中间格点数	1	1	1
面积	2	4	4.5
关系	面积＝一周格点数÷2		

(三) 深入探究

教师引导:刚刚我们通过探究中间只有 1 个格点的格点多边形发现了"面积＝一周格点数÷2"的关系,那中间有两个、三个格点的格点多边形呢,它们的面积与格点数又存在着什么样的关系呢?下面我们自己动手来探究。

(1) 小组合作。

教师课前将学生分成四个小组,其中一、二组的同学对照中间有两个格点的格点多边形填写表格,三、四组的同学对照中间有四个格点的格点多边形填写表格。

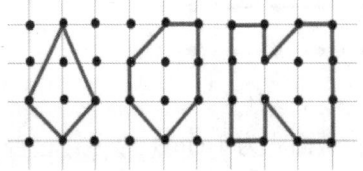 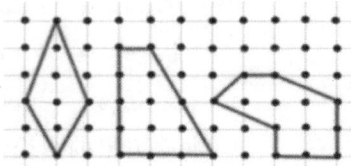

教师出示课件,引导学生明确合作要求:

① 数格点,算面积;

② 观察并思考面积与格点数的关系;

③ 运用发现的关系在最末列的网格中画一个格点多边形并完善表格;

④ 在完善并检查完自己的表格后跟组内小伙伴分享交流自己的想法。

教师发放表格,学生开展小组合作学习。

(2) 小组派代表汇报答案全班集体校正答案。

一周格点数	4	7	14	
中间格点数	2	2	2	
面积	3	4.5	8	
关系	面积＝一周格点数÷2+1			

(一、二组)

一周格点数	4	10	9	
中间格点数	4	4	4	
面积	5	8	7.5	
关系	面积＝一周格点数÷2+3			

(三、四组)

(3) 对比研究格点与面积的普遍关系。

教师引导：我们发现三组图形它们的面积与格点的关系式都不一样,现在我们来想想办法,看能不能把它们组成一个关系式,用来代替计算中间格点数为任意个数的格点多边形呢?

学生独立思考,教师适时引导学生发现:在三个不同的关系中,它们都存在着一个共同点,都用了一周格点数除2,而后面则分别加上了比中间格点数少1的数。

师生共同总结:格点多边形的面积＝(一周格点数÷2)＋(中间格点数－1)。(教师板书公式)

引导验证:在刚才的计算过程中我们发现了这样的公式,是否所有的格点多边形的面积计算都符合这个公式呢? 下面我们来验证一下(课件展示):

教师引导:请同学们先用公式计算这个格点多边形的面积,再用割补法与数格子的方法算算,看看它们的答案是否一致。

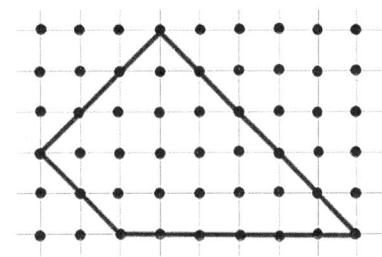

在学生发现面积都是21之后,教师顺势说明:其实刚刚我们探索出的公式就是我们数学中最重要的一百条定理之一——皮克定理。

教师边课件展示边引导:为什么叫皮克定理? 皮克又是谁呢?

课件展示皮克简介资料,学生仔细观看。

教师质疑:知道了皮克定理之后,再回到我们之前讨论的土地面积大小的问题,现在你们知道谁的面积更大了吗?

学生通过计算发现兄弟俩的面积是一样大的。

教师总结:原来知道了皮克定理之后,我们一下子就能计算出兄弟俩的面积,做一个称职的小裁判。

(四) 巩固练习

(1) 课件展示,教师引导:看,这是老师画的房子、爱心、小猫、喇叭的简笔画,你们能快速的算出这些图形的面积吗? (每个格子的边长是1 cm)

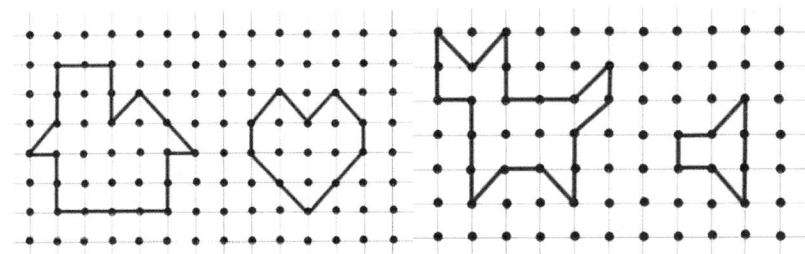

(2) 学生独立思考并计算,教师巡视指导。

教师指名学生汇报答案,并针对学生的回答进行补充完善:

① 小猫图形,我们可以数出它一周有20个格点,中间有2个格点,运用皮克定理可以列出:(20÷2)＋(2－1)＝11(cm²)

② 喇叭图形,我们可以数出它一周有8个格点,中间有0个格点,运用皮克定理可以列出:(8÷2)+(0-1)=3(cm²)。

③ 房子图形,我们可以数出它一周有20个格点,中间有9个格点,运用皮克定理可以列出:(20÷2)+(9-1)=18(cm²)。

④ 爱心图形,我们可以数出它一周有10个格点,中间有6个格点,运用皮克定理可以列出:(10÷2)+(6-1)=10(cm²)。

(五)课堂总结

教师提问:通过今天的学习,你收获了什么?(引导学生回顾本课所学)

结束语:你看,一些看似不规则的数学图形,经过我们自己动手去探索,发现它其中也存在着规律与奥秘。实际上,只要你勤于思考、乐于探究,你会发现更多数学中的奥秘。

(六)课后作业

请在下面的网格纸上画出一个面积为9,中间格点数为6的格点多边形。

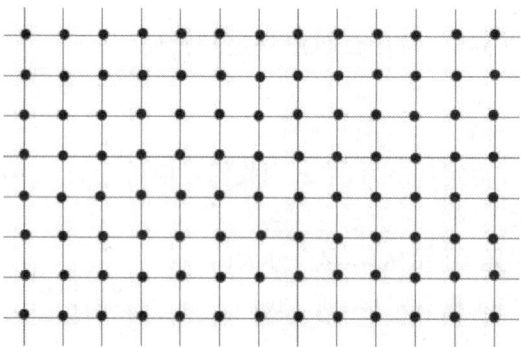

教师适时提示:我们已经知道了格点多边形的面积以及中间格点数,联系皮克定理,我们可以运用凑数法得出这个格点多边形一周的格点数是8。

(七)板书设计

格点面积

皮克定理:面积=(一周格点数÷2)+(中间格点数-1)

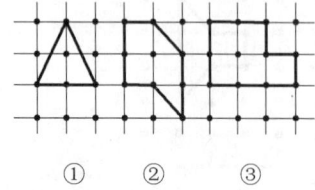

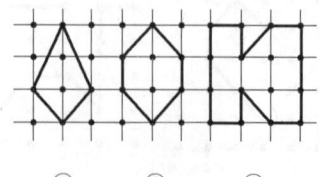

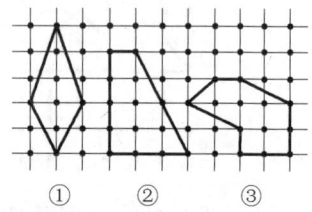

	①	②	③
一周格点数	4	8	10
中间格点数	1	1	1
面积	2	4	5
关系	面积=一周格点数÷2		

	①	②	③
一周格点数	4	6	14
中间格点数	2	2	2
面积	3	4	8
关系	面积=一周格点数÷2+1		

	①	②	③
一周格点数	4	10	9
中间格点数	4	4	4
面积	5	9	8.5
关系	面积=一周格点数÷2+4		

八、课外作业

(一) 作业设计

(1) 在下面的网格中,每个小正方形的面积是 $1\,\text{cm}^2$,你能快速地计算出它的面积吗?

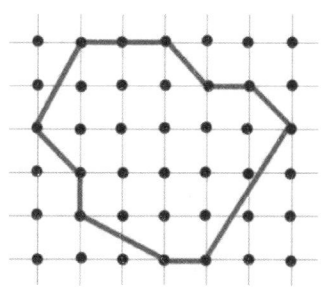

(2) 请在下面的网格纸上画出一个面积为 11,一周格点数为 6 的格点多边形。

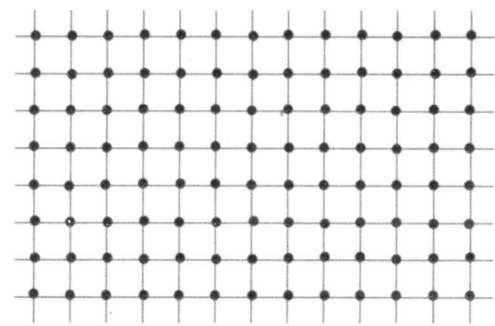

(3) 如果网格纸的纵、横两组平行线不垂直,还能应用皮克定理求出格点多边形的面积吗?

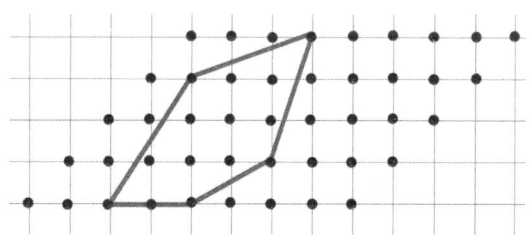

(二) 作业建议

(1) 教师在设计或选择题目时,可以在上述问题的基础上适当提升难度并且注重题型的多样性。

(2) 作业设计要注意趣味性,引发学生继续学习的欲望。

九、教材推荐

推荐教材:徐彪:《数学奥数天天练(小学四年级)》,南京大学出版社,2015。

推荐理由:本书在第五单元《长方形与正方形》里有涉及大量的格点与面积的习题,并且在这一单元里有联系到图形的面积计算以及图形的拼剪与割补这类知识点有助于学生对知识的进一步巩固与联系。

设计、定稿人:钟　漫

11. 三阶幻方

一、内容简介

幻方在智力开发方面有着十分重要的作用。挖掘中国数学史,我们可以发现:趣味数学、计算工具、棋类游戏都与幻方有着内在联系。因此,只是初步认识幻方是远远不够的,需要一个系列地讲解。所以在原来的基础上,我们继续学习三阶幻方,主要让学生知道在已知九个数的情况下可以用杨辉法来填写,在面对残缺的幻方时,能够根据幻方内在的数字规律填写完整。

二、教学目标

(1) 通过探究,理解并熟记杨辉法口诀,会用杨辉法填写幻方。
(2) 根据幻方内在的规律填写残缺的幻方,培养自主探究的能力和团结协作的能力。
(3) 通过了解杨辉法的由来,学习科学家们善于探索、勤于总结的科学精神。

三、教学重难点

教学重点:会用杨辉法填写幻方。
教学难点:根据幻方的内在规律填写残缺的幻方。

四、教学准备

多媒体课件、画有九宫格的卡纸、田字格作业本。

五、课时安排

1个课时。

六、教学建议

(1) 在讲授杨辉法的"九子斜排"时,注意引导学生思考斜排是怎样排,避免学生出现用"Z"字形的排列方法。
(2) 在探究残缺的幻方该怎样填写时,要善于引导学生联系前面所学的知识,根据其特征来解答。

(3) 教师必须提前查阅与三阶幻方有关的知识。上课时,要注意开拓学生的思维。

七、教学流程设计

(一)复习导入

教师课件出示幻方并提问:同学们,你还记得这是什么吗?它有什么样的特点呢?
引导学生回顾前面《幻方的初步认识》一课中所学习的知识。

4	9	2
3	5	7
8	1	6

在学生正确回答了"幻方及其特点"这一问题后,教师进行点评:同学们在上节课很认真,相信这节课会表现得更好。

接着教师继续提问:

① 刚才有同学们说到幻方的每行每列及斜排上的三个数之和都相等,那你们还记得它的名字吗?

学生回答后,教师再请学生复述:什么是幻和?(通过这一过程,加深学生对幻和的理解,为下面的教学做铺垫。)

② 什么样的一组数据能够填写成幻方呢?

在学生回答后,教师询问学生:同学们,上节课老师还布置了一个作业,让大家回去后自己找一组有规律的数,制作一个幻方。你们都做好了吗?

因为上节课并没有讲到了如何填写幻方,可能很多学生能找到一组有规律的数,但却不会填写。如果学生能够制作好,教师应给予表扬。

教师接着提问:在完成作业的过程中,你们有遇到什么困难吗?

在学生思考回答时,教师适时鼓励:老师喜欢勇敢诚实的孩子。没关系,把你的困难说出来,大家一起来解决。

教师抛出问题:老师发现很多同学找到了一组有规律的数,但是却不会填写。还有少数的同学填写出来了,但老师相信你们也一定花了不少时间。

(二)学习杨辉法

教师启发:老师有一个方法,可以快速把它填写出来,你们想知道吗?那我们来一起看一个小视频。在播放时,你们可要看仔细了。看看谁最快学会这个方法。

教师播放杨辉法的介绍及填写方法相关视频。

在学生观看完视频后,教师提问:视频看完了,你们都学会这个方法了吗?谁能来说一说它讲了一个什么样的方法?它的口诀是什么?

在一位同学说杨辉法的口诀(九子斜排,上下对易。左右相更,四维挺出)时,请另外一位同学上台演示,同时提醒台下的同学仔细思考两位同学是否做对了。

教师质疑:九子斜排是什么意思?上下对易是要怎么做?左右相更又是什么意思?四维挺出呢?

学生回答后,教师接着问:你们都理解了吗?那全班同学来一起读一读这个口诀。

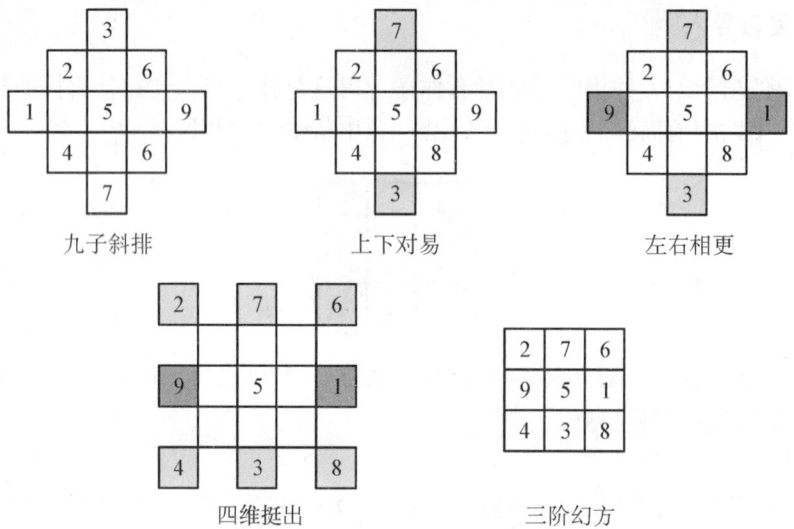

九子斜排　　　　上下对易　　　　左右相更

四维挺出　　　　　　三阶幻方

课件展示杨辉法口诀,教师引导思考:读完这个口诀后,有没有同学还有疑问?

学生回答后,教师接着提问:老师有一个问题,刚才这位同学在演示的时候,是这样子(教师手从西北比画到东南)斜着排的,那我们可以这样排(教师手从西南比画到东北)吗?那可以"Z"字形排列吗?

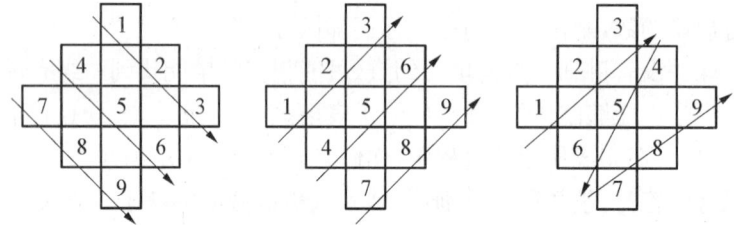

教师继续引导:有人说可以,有人说不可以,那到底可不可以呢?请同学们拿出纸和笔,试试从不同方向排列填写幻方,验证一下是否可以,然后小组再讨论交流。

教师鼓励学生上台:谁能代表小组来说一说你们验证的结果。(可以从不同方向排列,但是不能"Z"字形排列)

教师引导学生得出结论:在用杨辉法时,这些数一定要有序地向同一方向排列。

(三)掌握运用杨辉法

教师边课件出示边提出要求:请同学们用刚才所学的杨辉法独立填写这个幻方,完成后在小组内交流:看看你们小组一共有多少种填法?

把1、2、3、4、5、6、7、8、9这九个数字,填入下面的表格中,使它每行、每列以及斜排上的三个数之和都相等,且每个数字不能重复使用。

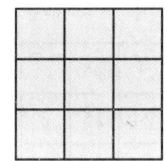

教师请表现好的一组派代表上台展示答案,其他同学在台下对照自己的答案,看看是否有异同? 有不同答案的可上台进行补充。

教师引导学生思考:为什么同一种方法填写,得到的结果却不一样呀?

引导学生明确:因为填写的方向不同,所以我们可以得到八种不同的幻方,来一起看看。教师适机展示八种不同的幻方。

8	1	6
3	5	7
4	9	2

6	1	8
7	5	3
2	9	4

4	9	2
3	5	7
8	1	6

2	9	4
7	5	3
6	1	8

6	7	2
1	5	9
8	3	4

8	3	4
1	5	9
6	7	2

2	7	6
9	5	1
4	3	8

4	3	8
9	5	1
2	7	6

学生用刚才学会的杨辉法完成家庭作业,同时教师下台检查学生完成的情况,对还不太会的学生适时指导。

(四)深入探究

教师选择几位学生的作业进行展示,同时引导学生思考:仔细观察他们制作的幻方,说一说你的发现。

引导学生观察:每一个幻方的幻和是多少? 总和是多少?

在观察完展示的幻方后,引导学生思考:仔细观察这四个幻方,你发现了什么? (教师可适当提醒学生思考最中间的那个数与幻和的关系)

通过观察、对比,我们可以发现:幻和=中心数×3,中心数是两边数之和的一半。

教师接着提出问题:刚才我们在填写三阶幻方的时候,都是已知九个数字。如果我把它变一下呢,你们能填完整吗?

	28	
	15	6
17		26

教师提示:可以根据刚才找到的规律,先独立思考,再小组内交流解题思路。

在各组完成任务后,请各组代表依次上台展示,并说说自己的解题思路。

教师再根据学生的汇报情况做出正确、完整的说明。〔因为15×3=45,所以45-(15

+6)=24、45−(17+26)=2、45−(6+26)=13、45−(13+28)=4]

4	28	13
24	15	6
17	2	26

(五) 巩固应用

教师课件展示题目,请学生完成:请你在其他方格中填上适当的数,使方格横、竖、斜三个方向的三个数之和均为27。

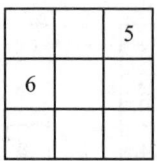

在学生独立完成后,请学生自由发言。

(六) 全课总结

教师提问:通过今天的学习,你收获了什么?

学生自由回答,教师引导回顾本课所学知识。

结束语:一个看似很简单的幻方,原来还有着这么多知识需要我们去探索。只要你善于思考,勤于实践,勇于创新,你会发现更多的数学奥秘。

(七) 板书设计

三阶幻方

杨辉法

九子斜排,
上下对易。
左右相更,
四维挺出。

2	7	6
9	5	1
4	3	8

幻和＝中心数×3

八、课外作业

(一) 作业设计

(1) 请你在其他方格中填上适当的数,使方格横、竖、斜三个方向的三个数之和均为27。

		5
6		

(2) 熟记杨辉法,并用杨辉法把 2、4、6、13、15、17、24、26、28 这九个数做出一个幻方。

(3) 自己设计一个幻方让朋友填一填。

(二) 作业建议

(1) 本节课讲了两个方法,内容较多,所以教师在布置课外作业时,可以多做与之相关的练习题。

(2) 题目难度要适中,不宜过于复杂。

(3) 题目要根据课堂上学生接受的情况进行选择。

九、教材推荐:

推荐教材:金丕龄:《幻方的智慧》,上海交通大学出版社,2010。

推荐理由:本书运用《易经》的数理知识对幻方进行破解,使读者了解幻方的构造方法。同时,还对古今中外的一些精彩幻方做出破解,增加读者对幻方的研究兴趣。读完这本书,你将会构造任意阶幻方。

设计、定稿人:朱秀雯

12. 一 笔 画

一、内容简介

本课是 2011 人教版小学数学六年级下册第 104 页"你知道吗?"的相关知识,主要讲解的是欧拉为解决"哥尼斯堡七桥问题"而提出的"一笔画"问题。本节课重点是引导学生仔细观察和思考,发现并掌握"根据图形中的奇点、偶点的个数可以直接判断出图形能否一笔画成"。在这样的基础上,使学生能利用一笔画的有关知识研究并解决一些生活中的实际问题。同时,学习这一规律,有利于提升学生的思维能力,开阔知识视野,激发学习兴趣。

二、教学目标

(1) 在认真观察与实际操作中发现一笔画图形的特征与规律,并能运用所学知识解决实际问题。

(2) 在将实际生活中的问题抽象化、数学化的过程中,建立"一笔画"的数学模型,渗透数学模型思想。

(3) 通过对"一笔画"问题及其结论的了解和学习,扩大知识视野,激发学生学习数学的兴趣。

三、教学重难点

教学重点:明确奇点、偶点的概念,探究并掌握"一笔画"的特征与规律。
教学难点:灵活运用一笔画解决生活中的实际问题。

四、教学准备

多媒体课件、微视频《七桥问题》、图形统计表1和图形统计表2,两张。

五、课时安排

1个课时。

六、教学建议

(1) 教师在讲解"什么是一笔画"时,要注重引导学生进行实际操作,使其明确"一笔画"所指的具体含义。

(2) 教师应在学生学习了简单的数据收集与整理和简单统计图之后,再进行教学。

(3) 教师应注意引导学生依据数据进行推断预测,感受数据分析的价值。

七、教学流程设计

(一) 故事引入,揭示课题

新课伊始,教师引导:在上课之前,我们一起先来看一段微视频,注意要认真观看,记录你认为其中重要的信息。

播放微视频:七桥问题

公园里有七座桥将普雷格尔河中两个岛及岛与河岸连接起来。

当地的市民从事一项非常有趣的健身活动——在星期六进行一次走过这七座桥的散步,每座桥只能经过一次而且起点与终点必须是同一地点。

有人提出疑问:是否可以从这四块陆地中任一块出发,恰好每座桥通过一次,再回到起点?

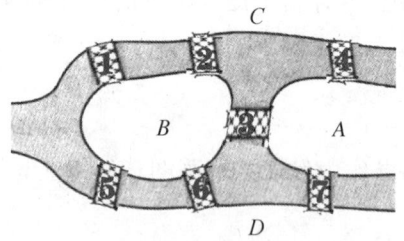

教师质疑:谁能说一说,刚才的视频中主要讲了一个什么故事?故事中需要解决什么问题?

学生自由表达。

课件动画演示:简化哥尼斯堡七桥问题,即把原来的图变成了只有点和线构成的最简单的平面图形,使得七桥问题演变为"一幅图能否一笔画成"的问题。

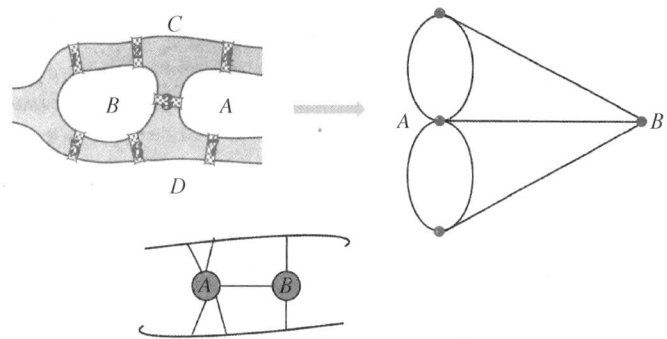

教师引导：原来著名的七桥问题实际上就是图形能否一笔画成的问题，那么今天我们就一起深入探究有趣的"一笔画"问题。通过探究，大家能否帮助这些市民解决这个问题呢？（教师板书课题）

（二）合作探究，发现规律

1. 初步感知

教师质疑：① 你能用自己的话说一说什么是一笔画吗？

结合字面意思和实际操作，引导学生明确一笔画的要求：一是笔不离纸；二是每条线都只能画一次，不能重复画。

② 观察下面的图形，你能判断哪些图形是一眼看去就知道不能一笔画成的吗？

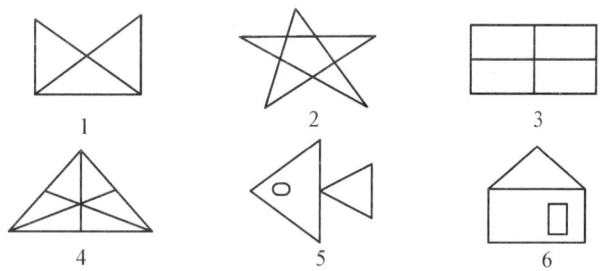

学生快速说出第 5 和第 6 幅图一定不能一笔画成后，师生共同总结：能一笔画成的图形必须是连通的图形。

③ 那么是不是所有连通的图形都能一笔画成呢？下面我们就展开小组合作，进行深入探究。

2. 合作探究

教师说明：现在我把准备好的图形统计表 1 发给各个组长，由组长分发给组员。请大家仔细思考，尝试完成表格，看看你们能发现什么规律？

	1	2	3	4	5
尝试将图形一笔画					
能否一笔画？					

课件展示探究要求：
① 独立操作：尝试将图形一笔画成，并根据实际情况填写表格。
② 小组交流：画完后，把你的画图方法和最终结果与组员交流，并统一答案。
③ 每组选出一名代表，做好汇报准备。

各组的代表汇报结果，并上台展示画法。教师结合学生的回答，进行评价和讲解。具体讲解如下：

① 教师将图1中各点分别标上ABCDE，再请几位同学由不同点出发尝试将图形一笔画成。

引导学生发现：从某些点出发是不能将可以一笔画的图形一笔画成的，从而得出：某些可以一笔画成的图形并不是从每一点出发都能一笔画成的。

要求学生运用相同的办法，尝试分别将图2、图3、图4、图5从每一点出发进行一笔画。

② 教师质疑：为什么有的图形能够一笔画成，有的图形却不能一笔画成？为什么有的图形从这一点能一笔画成，从另外的点就不能一笔画成？大家猜一猜可能跟什么有关系？

教师此时可稍加提示，引导学生得出猜想：图形能否一笔画成或从哪一点出发才可一笔画，也许和点有关。

教师引导学生观察图1中的各点，并说明图形中的各个点有奇点、偶点之分，进而引出奇点、偶点的概念。即引出的线条是双数条的点是"偶点"；引出的线条是单数条的点是"奇点"。

学生初步尝试：通过数一数图中的某几个点引出的线条条数来判断这些点是奇点还是偶点。

教师将统计表2(如下图所示)发给每位组长，并要求各组进行分工合作，找出各图的奇点、偶点个数。

	1	2	3	4	5
奇点个数					
偶点个数					
能否一笔画？					

各组代表依次进行汇报，教师对结果进行订正。(各图形的奇偶个数与能否一笔画答案如下)

	1	2	3	4	5
奇点个数	2	0	4	4	6
偶点个数	3	10	1	5	1
能否一笔画？	能	能	不能	不能	不能

教师质疑：现在请大家认真观察表格内容，你们发现了什么规律？图形能否一笔画成和什么有关？

引导学生得出：图形能否一笔画成与奇点的个数有关，与偶点的个数没有任何关系；只有当奇点的个数为0个或2个时，这个图形才可一笔画成。

教师说明：看来同学们很有数学家的眼光。是的，我们的大数学家欧拉也是因为发现了当奇点个数为0个或2个时，图形就能够一笔画。所以对于一开始我们看到的七桥问题，他断定：将这七座桥转化为简易数学图形后，发现简化后的图形有4个奇点。由此得出，根本不可能存在不重复路线便能一次走遍7座桥的走法。

教师继续质疑：那么对于能一笔画成的图形，谁知道应该从哪些特殊的点出发，才能保证一定能一笔画成呢？

引导学生思考并得出：对于能一笔画的图形，若奇点个数为0，则从任意点出发，最后一定能以这个点为终点一笔画成此图；若奇点个数为2，则要把一个奇点作为起点，另一个奇点作为终点的话，才可保证一定能一笔画成。

3. 小结归纳

教师引导质疑：现在我们一起来回顾一下，在刚才探究过程中，我们都发现了哪些规律呢？

学生自由发表意见，教师适时引导，并且对于学生说出的具有代表性的规律，教师要进行板书和重点强调：

① 凡是由偶点组成的连通图，(即图形中的奇点个数为0个)一定可以一笔画成。画时，可以把任一偶点作为起点，最后一定能以这个点为终点画完此图。

② 凡是只有两个奇点的连通图，(即图形中的奇点个数为2个)一定可以一笔画成。画时，一个奇点为起点，另一个奇点一定为终点。

（三）走进生活，运用规律

教师引导：相信通过今天的探究，对于一笔画的有关知识你已经有了比较深入的了解。学习了这些知识之后，你是否能将它们灵活地运用到解决实际问题中呢，现在我们一起来试试吧！

课件出示问题：小明星期天要去逛超市买东西，可是时间不够，他只能快速地逛一圈超市。但是，他想不重复不遗漏地把超市的每个地方都逛到。那小明同学的这个愿望可以实现吗？超市图平面图如下：

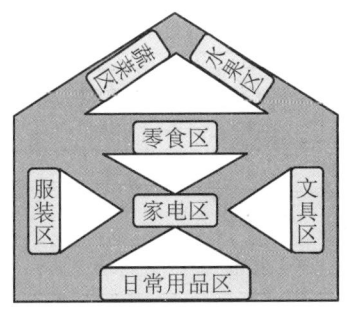 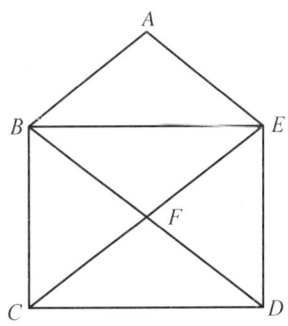

学生结合今日所学,独立思考,尝试解决。

指名汇报,引导学生通过找出图中的奇点、偶点的个数,并发现图中只有2个奇点,从而判断出小明的愿望能实现。

教师继续引导:你能帮小明设计一条路线吗?怎样走才能不重复不遗漏的逛完超市的每一条路?

学生独立思考并设计出路线。

指名学生展示自己设计的路线,教师引导其余学生评价。

在学生汇报基础上,教师边利用课件动画演示边进行详细讲解:凡是只有两个奇点的连通图,(即图形中的奇点个数为2个)一定可以一笔画成。并且,画时必须把一个奇点作为起点,另一个奇点作为终点。本题符合条件的路线有两种:一种是从C点出发回到D点,另一种从D点出发回到C点。

(四)课堂作业

(1)给同桌画一个图形,让他思考这个图形能不能一笔画。若能,是怎样一笔画的?

(2)下面是儿童乐园平面图,出入口应设在哪里才能不重复地走遍每条路?

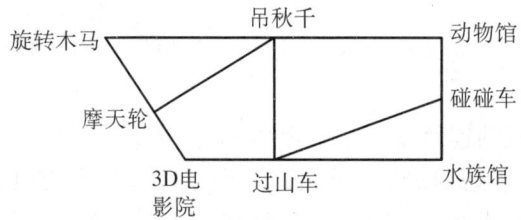

(五)全课总结

教师引导:通过这节课的学习你有什么收获呢?

学生自由回答,教师引导学生回顾本课的学习内容,加深理解,巩固记忆。

结束语:其实数学并不是仅仅只存在于我们的数学课本上,数学还存在于我们的生活中。大数学家欧拉在日常生活中,因为仔细观察,发现了哥尼斯堡七桥问题。所以,同学们,只要你们留心生活,勤于思考,说不定未来你也能成为一位了不起的数学家呢!

(六)板书设计

一笔画

	1	2	3	4	5
奇点个数	2	0	4	4	6
偶点个数	3	10	1	5	1
能否一笔画?	能	能	不能	不能	不能

奇点:引出的线条是单数条的点
偶点:引出的线条是双数条的点
连通的一笔画图形特征:
奇点个数一定是0个或2个

八、课外作业

(一)作业设计

(1) 下面的图能一笔画出吗?

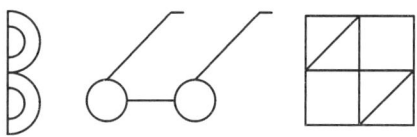

(2) 如图,最近有个摄影展览,所有作品都布置在画廊里,入口处有个指示图,怎样才能既不走冤枉路又不漏看任一幅作品呢?

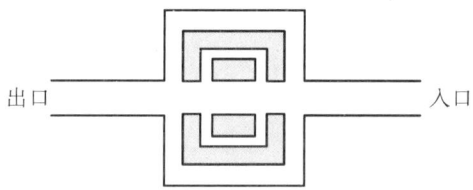

(3) 下图是一个公园的平面图,能不能使游人不重复走遍每一条路?入口和出口又应设在哪儿?

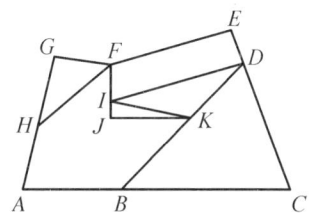

(二)作业建议

(1) 教师在布置课外作业时,应尽可能布置与生活实际息息相关的应用题。
(2) 教师也可布置"课后,查阅有关资料,了解并自主探究非一笔画图形的有关特征及规律"这一问题,为后面《多笔画》课题的学习做好铺垫。

九、教材推荐

推荐教材:吴正宪:《小学数学思维能力训练》,电化教育电子音像出版社,2009。
推荐理由:该书第六章节对一笔画问题做了专题讲解和说明。不仅如此,本书是根据小学数学课本内容而设计的同步思维训练。通过一系列精选题目,举一反三,能对小学生进行系统的数学思维训练。此外本书在编制上独具特色,把数学知识融入实际生活情境;讲练结合,实现了电视内外的互动(书中附有 VCD 光盘),学生可以边看视频,边做题,即学即会。

设计、定稿人:冯思瑶　李佳穗

13. 盈亏问题

一、内容简介

"盈亏问题"最早记录在我国古代数学名著《九章算术》第六章"盈不足"中:把若干物体平均分给一定数量的对象,并不是每次都能正好分完,如果物体还有剩余,就叫"盈";如果物体不够分,少了,叫"亏"。凡是研究盈亏这一类算法的应用题就叫"盈亏问题"。在我们实际生活中,我们把物品平均分时,也会出现这样子的问题。我们对《盈亏问题》这一问题做研究,主要目的是让学生明白生活处处有数学,并且在遇到问题时学会用数学方式来解决,让学生感受到来自数学的魅力。

二、教学目标

(1) 通过学习与探究知道"盈"与"亏"的含义,了解"盈亏问题"的特征,并学会用线段图去表示数量关系,理清思路。

(2) 通过解决生活中的盈亏问题,在自主探索与小组合作学习的过程中,培养主动思考、合作交流的意识。

(3) 感受中国古代数学魅力,体会数学的博大精深,增强学习数学的兴趣。

三、教学重难点

教学重点:理解并掌握正确解决盈亏问题的方法。
教学难点:学生在做题时理解盈亏问题两次分配后的相差数。

四、教学准备

多媒体课件、小圆片卡纸。

五、课时安排

1 个课时。

六、教学建议

(1) 教师在教学中,要注重发展学生的符号意识,通过符号来表示数量关系以及用画线段图的方式来清楚的表述数量关系。

(2) 在教学中,教师要注意让学生理解这两次分配后的相差数,这是本节课的关键点。

(3) 学生在进行小组合作时,教师应时刻关注学生的探究情况,适时指导。

(4)学生在运用新知解决问题时,教师要适时提醒在做题时运用线段图,培养学生养成良好的习惯。

七、教学流程设计

(一)初步探究

(1)情境导入。

教师提问:春天到了,郭兴小学为了让同学们感受大自然的美,决定安排大家出去春游。可在大家准备坐车的时候,遇到了小麻烦。同学们,你们想知道他们遇到了什么吗?让我们一起看看吧!

教师课件出示:

郭兴小学组织六班春游,如果每辆车坐9人,就余下5人;如果每辆车坐10人,坐满就少1人。你知道有多少车,有多少人?

(2)独立探究两次分配相差1的盈亏问题。

教师启发:谁能找出这个问题里面的数学信息?

学生找出数学信息,分析数学信息之间的关系。

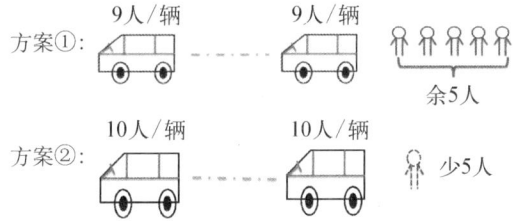

教师质疑:我们用什么方法来表示数量关系呢?

学生自由回答。教师提示:是否可以用符号或线段图来表示数量关系?

引导学生学会画线段图来表示数量关系:我们发现,两次分配的总人数是不变的,我们可以用一条线段来表示总人数,用已知的信息来画线段会更清楚。

学生独立思考,尝试画出线段图。教师巡视,并提醒学生在画线段时,注意用直尺画,要明确表示每条线段所代表的意思。

学生完成后,教师请同学上台板书,再讲述自己的画图思路。

教师质疑,引导学生思考,理清思路:

① 这条线段能表示每辆9人的人数吗?(不能,还余下5人)

② 每辆车坐9人,有多少人?咱们不知道。我们可以先画多的5人,那这个量表示的就是每辆车坐9人的人数。

③ 第二条线段怎么画?谁来告诉我,画的跟第一条长,为什么?(人总数一样,只是

每次分配的人数不同)

④ 这二条线段能表示每辆 10 人的人数吗?(还少一人)。怎么办?(增加一个人,这条线段就能表示每辆 10 人正好坐满)这个人在不在?(不在,我们用虚线表示)

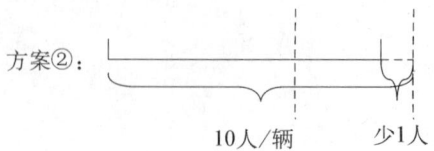

⑤ 观察这两条线段,方案一每辆车坐 9 人,方案二每辆车 10 人。由此我们可以知道方案二比方案一的每辆车多了?(10-9=1 人)

⑥ 这 1 人是怎么来的?是从刚刚多的 5 人里面来的。咱们把多的 5 人安排好,每辆 10 人坐满了吗?还得增加 1 人。要想每辆车 10 人都坐满,一共需要安排几个人?(一共需要多的 5 人以及增加的 1 人,5+1=6 人)

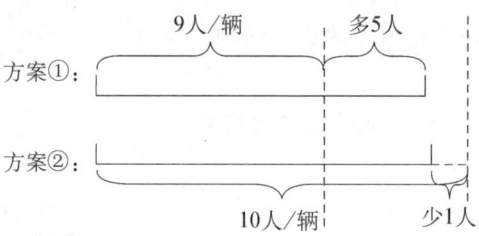

⑦ 这 6 个人是要多安排的人数,平均每辆车多安排 1 人。需要几辆车?(6÷1=6 辆)也就说明方案 2 安排了几辆车?

⑧ 当我们知道方案 2 有 6 辆车时,总人数能求出来吗?

⑨ 回顾刚才的解题过程,谁能列出综合算式?(5+1)÷(10-9)=6 辆。

引导学生回看解题过程,指多名学生重复,教师要反复质疑引导,适时表扬学生。

(二) 深入探究

(1) 情境引入:刚刚我们已经帮他们解决了第一个问题,大家都很棒,老师喜欢乐于助人的孩子。那我们再看看他们还遇到了什么问题呢?

教师课件出示:

王老师给同学们分饼干,如果每人分 3 块。则多出 16 块饼干。如果每人分 5 块,就少 4 块。你知道有多少同学,有多少块饼干吗?

学生找出关键信息,思考怎样用线段图来表示数量关系。

(2) 合作探究两次分配数相差 2 的盈亏问题。

课件展示合作要求,指名朗读,引导学生明确:

① 先独立思考,画线段图解决问题;

② 组内交流合作,派代表汇报,分享你的解决方法;

学生分组合作学习,教师巡视,并及时纠正学生错误。

各组派代表展示,说明画线段图和解题的思路后指名其他同学复述。

教师质疑、引导学生理清思路：

① 第一次每人3块，第二次每人5块。我们可以知道第二次比第一次每人多分了多少？（5－3＝2块）

② 为什么每人多了2块？把多的16块拿来分了，不够，也就是说还要4块。要想每人都有5块饼干，一共需要多少块饼干来分？（一共需要多16块和少的4块来分，16＋4＝20块）。

③ 这20块饼干就是要多分的饼干数，平均每人分2块饼干，多少人把这20块饼干分完？（我们有20÷2＝10人）。

④ 谁能列出综合算式？这求出的是什么量？（16＋4）÷（5－3）＝10（人）。

⑤ 那一共有多少饼干呢？10×3＋16＝46（块）10×5－4＝46（块）。

根据学生的回答，教师适时板书。

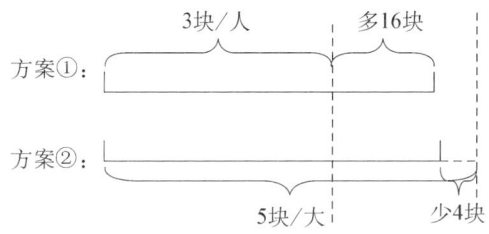

16＋4＝20（块）　　　10×3＋16＝46（块）
5－3＝2（块）　　　　10×5－4＝46（块）
20÷2＝10（人）
答：有10人，有46块饼干。

（三）拓展探究

教师质疑：将两道题进行对比，你们有没有发现他们的相同点呢？

学生回答，教师引导强调学生回答问题时完整表述。

教师揭示课题：都是研究分东西的问题，第一次分和第二次分的方案不一样，它们有多有少。其实，在古时候人们就对这样的题有研究，把这种类型的题叫作盈亏问题。（教师板书课题）

边播放视频边讲解：盈亏问题来自《九章算术》，那么什么是《九章算术》呢？我们一起来看看！

《九章算术》是中国古代第一部数学专著，是《算经十书》中最重要的一种，成书于公元一世纪左右。

该书内容十分丰富，系统总结了战国、秦、汉时期的数学成就。全书采用问题集的形式，收有246个与生产、生活实践有联系的应用问题，其中每道题有问（题目）、答（答案）、术（解题的步骤，但没有证明），有的是一题一术，有的是多题一术或一题多术。

这些问题依照性质和解法分别隶属于方田、粟米、衰（cui）分、少广、商功、均输、盈不足、方程及勾股，共九章。

其中，盈亏问题最早记录在我国古代数学名著《九章算术》第六章"盈不足"中：把若干物体平均分给一定数量的对象,并不是每次都能正好分完,如果物体还有剩余,就叫盈;如果物体不够分,少了,叫亏。

凡是研究盈亏这一类算法的应用题就叫盈亏问题。

(四)巩固提升

教师引导:大家对九章算术应该有了一定的了解,老师这里有一个古代的难题,想要大家一起来解决。

教师课件出示:

人出七不足四,人出八盈三。求人数,物价多少?

教师引导学生理解古文意思,还原:

一些人共同买东西,每人出 7 元,少 4 元。每人出 8 元,多 3 元。一共有多少人?物品价格多少?

学生独立完成,指名板演。

集体订正,教师质疑引导学生,适时完善板书:

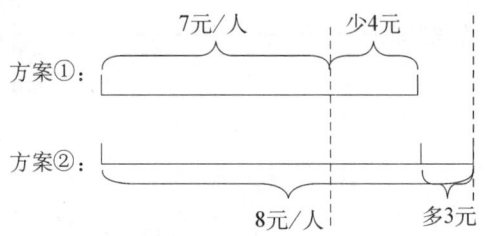

4＋3＝7(元)　　　　7×7＋4＝53(元)

8－7＝1(元)　　　　7×8－3＝53(元)

7÷1＝7(人)

答:人数 7 人,物价 53 元。

(五)课堂作业

四(1)班同学植树,每人植 1 棵还剩 20 棵。每人植 3 棵就差 10 棵。有多少个同学?多少棵树?

学生独立完成,教师可适当提醒。

(六)全课总结

教师提问:"通过今天的学习,你收获了什么?"

根据学生的回答,教师引导。

结束语:今天我们知道了用线段图的方法来解决盈亏问题。以后我们在生活中,遇到盈亏问题一定不要慌张,运用老师今天教你们的方法也能快速解决问题!

（七）板书设计

盈亏问题

有剩余　不够分

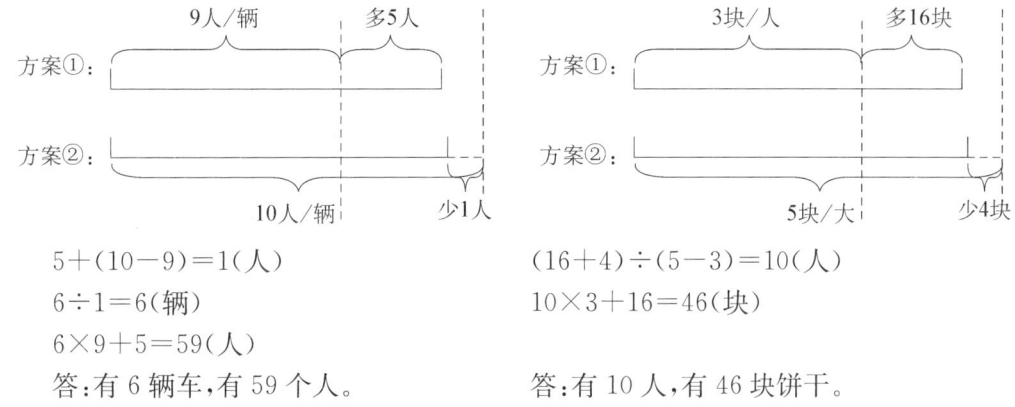

5＋(10－9)＝1(人)　　　　　　　(16＋4)÷(5－3)＝10(人)
6÷1＝6(辆)　　　　　　　　　　10×3＋16＝46(块)
6×9＋5＝59(人)

答：有6辆车，有59个人。　　　　答：有10人，有46块饼干。

八、课外作业

（一）作业设计

（1）小朋友们去划船，如果增加1条船，每条船上正好坐4人；如果减少1条船，正好每条船上坐6人，一共有学生多少人？原计划坐几条船？

（2）元旦快到了，学校的少先队员去摆花盆。如果每人摆5盆花，还有3盆没摆；如果其中2人摆4盆，其余的人各摆6盆，这些花盆正好摆完，问有多少少先队员参加摆花盆活动，一共摆多少花盆？

（3）某校到了一批新生，如果每个寝室安排8个人，要用33个寝室；如果每个寝室少安排2个人，寝室就要增加10个，这批学生可能有多少人？

（二）作业建议

（1）教师在布置题目难度要适中，不宜过于复杂。
（2）题目类型要以生活实际为主，注重提高用数学解决实际问题的能力。
（3）题目要求用画线段图方式来做，教师在进行检查时要注意线段图的画法是否正确。

九、教材推荐

教材推荐：彭林：《小学数学解题规律、方法与技巧(巧解应用题)》，上海社会科学院出版社，2016。

推荐理由：《盈亏问题》这一课，在本书第五章有涉及。如果在学习这节课前阅读本书此章节内容，会给我们带来很大的帮助。此外，本系列丛书有很多本，而这一本刚好是解说巧解应用题，这样系统性地讲解，符合学生的认知规律，且能够为学生学习更深层次应用型奥数打下一定的基础。

设计、定稿人：彭双英　李欢新

三、数学活动

数学活动
拓展资源

14. 智破陷阱

一、内容简介

本课从"蜗牛爬井"问题引入,让学生初步意识到某些数学问题中会存在"陷阱",从而引出课题《智破陷阱》。随后以层层递进的模式,依次出示几个较为典型的"陷阱题"。通过师生共同分析问题、解决问题的过程,增强学生对数学学习的兴趣,开发学生智力,培养学生冷静分析、主动排除题中干扰信息的数学解题思维。

二、教学目标

(1) 在分析问题、解决问题的过程中,学会冷静思考,理智排除问题中的干扰信息,简化问题。

(2) 在自主探索与小组合作中,训练逻辑思维,提高合作交流的能力。

(3) 体会数学学习的乐趣,增强对数学学习的兴趣。

三、教学重难点

教学重点:学会冷静思考,理智排除问题中的干扰信息,简化问题。

教学难点:理智排除问题中的干扰信息后解决问题。

四、教学准备

多媒体课件。

五、课时安排

1 个课时。

六、教学建议

(1) 教师在引导学生分析并找出陷阱这一环节,应充分发挥学生的主动性,给予学生充足的思考和试错的时间。

(2) 教师在向学生提示正确的思考方向时,可采用启发式的提问方式。

(3) 教师要注重引导学生主动寻找关键信息、理清思路,学会从一个角度分析问题。

七、教学流程设计

（一）趣题引入

1. 通过故事，引出习题

教师引导：上课之前，老师给同学们讲一个有趣的故事。同学们要认真听，老师等会要请同学来复述关键信息。

故事内容：一口井7米，一只蜗牛不小心掉到了井底，现在已知蜗牛白天向上爬3米，晚上会向下掉2米。同学们，你们知道蜗牛几天可以爬出去吗？

2. 习题讲解

引导学生找出关键信息：井深7米、白天向上爬3米、晚上掉下来2米。

学生先独立思考，并自由发表看法。

呈现不同答案后，教师边利用课件展示蜗牛爬井动画，边进行引导：

① 第一天蜗牛爬3米掉2米，所以向上爬了1米；那第二天蜗牛从哪个位置出发？

引导学生思考并说出：从第一米的位置出发向上爬3米掉2米，爬到了第二米；

② 第三天蜗牛从哪出发又爬到哪了？

学生思考并得出答案：第三天蜗牛从第二米的位置出发向上爬3米掉2米，爬到了第三米的位置。

③ 第四天蜗牛又是从哪出发爬到哪了？

引导学生思考得出正确答案：蜗牛从第三米的位置出发，爬3米掉2米，爬到了第四米的位置。

④ 第五天蜗牛从哪出发，又会爬到哪了？

教师引导学生发现：第五天蜗牛从第四米的位置，白天向上爬3米就已经爬出去了。因此答案是五天。

教师再次质疑：为什么蜗牛爬井只需要5天而不是7天？

引导学生思考并完整表述：因为在第5天白天就爬到7米了，不用再减2米了。

3. 师生总结，揭示课题

教师引导反思：解决这个问题，我们要注意什么？

师生共同总结：如果我们按照每天1米这样的解法就会掉入题目的陷阱。

教师揭示课题：那当我们遇到像这种有陷阱的题目，我们该怎么办呢？我们该如何识破题中的陷阱，得到正确答案呢？这就是我们今天要研究的问题，怎样破解陷阱，让我们一起来《智破陷阱》。

（二）新知探究

1. 教师出示习题，引发思考

教师引导：我们一起来看看这个问题。

课件出示：有一个人花了10元买了一只鸡，又以13元的价格卖出去了。后来他觉得卖的太便宜了，又用15元买回来了，再以18元价格卖出去了，请问这个人赚了多少钱？

2. 学生动手,教师讲解

学生独立思考并尝试解题。

指名汇报,学生可能会出现多种不同答案:

学生可能回答有:第一次那个人把花 10 元买的鸡以 13 元的价格卖出去,赚了:13－10＝3(元)。后来他又以 15 元的价格买回来,亏了:15－13＝2(元)。最后他以 18 元的价格把鸡卖出去,赚了:18－15＝3(元)。所以他总共赚了:3－2＋3＝4(元)。

第一次那个人花 10 元买的鸡以 13 元的价格卖出去,赚了:13－10＝3(元)。后来,他用 15 元的价格把鸡买回来,这时他总共花了:15－3＝12(元)。最后,他以 18 元的价格把鸡卖出去,这时他总共赚了:18－12＝6(元)。

教师引导分析:这道题讲的是怎么一回事?哪里容易弄混?

学生可能回答:反复交易次数过多,思路关系难理清。

教师启发:像这样关系多且复杂的问题,怎么解决才不容易错呢?

引导学生理清解题思路:① 从头一步一步计算;② 买卖一回合,按回合算。

学生再次思考,尝试解决,教师可适当提示。(画图分析)

指名学生汇报。

预设学生方法一:

① 13－10＝3(元)　② 15－3＝12(元)　③ 18－12＝6(元)

教师质疑:每一步算式表示什么意思?是根据什么列式的?求的是什么?

引导明确并完整表述:

① 根据"10 元买了一只鸡,又以 13 元的价格卖出去了"可以列式 13－10＝3(元),求出此人在这个一过程中赚了 3 元。

② 根据"又用 15 元买回来了"可以列式 15－3＝12(元),求出此人在这一过程中实际花了 12 元。

③ 根据"再以 18 元的价格卖出去了"可以列式 18－12＝6(元),求出此人在这一过程中实际赚了 6 元。

预设学生方法二:

① 13－10＝3(元)② 18－15＝3(元)③ 3＋3＝6(元)

教师质疑:每一步算式表示什么意思?是根据什么列式的?求的是什么?

引导明确并完整表述:

① 根据"花了 10 元买了一只鸡,又以 13 元的价格卖出去了"可以列式 13－10＝3(元),求出此人在这一过程中赚了 3 元。

② 根据"以 15 元的价格买回来,又以 18 元的价格卖出去"可以列式 18－15＝3(元),求出此人在这一过程中赚了 3 元。

③ 所以此人整个过程中总共赚了:3＋3＝6(元)。

预设学生方法三:

① 13－10＝3(元)

② 15－10＝5(元)

③ 18－10＝8(元)

④ 3＋8－5＝6(元)

教师质疑：每一步算式表示什么意思？是根据什么列式的？求的是什么？

引导明确并完整表述：

① 根据"花了10元买了一只鸡，又以13元的价格卖出去了"可以列式13－10＝3(元)，求出此人在这一过程中赚了3元。

② 根据"又以15元买回这只鸡"可以列式15－10＝5(元)，求出相对于这只鸡的价格，此人在这一过程中亏了5元。

③ 根据"再以18元的价格卖出去了"可以列式18－10＝8(元)，求出相对于这只鸡的价格，此人在这一过程中赚了8元。

④ 根据此人在三次交易中所亏的钱以及所赚的钱，可以列式3＋8－5＝6(元)，求出此人在整个过程中赚了6元。

3. 师生共同总结

教师引导回顾反思：对比三种解题方法，你认为哪种方法最简便，思路最清晰？

学生可能回答：

方法一理由：方法一把三次交易中所赚的钱与所亏的都用式子表示出来，这样思路更加清晰。

方法二理由：方法二把交易分成两次，分别是以10元买进13元卖出、以15元买进18元卖出，再把两次所赚的钱相加得出答案，这样更加简便。

方法三理由：方法三把一只鸡的价格看成10元，以超过10元的价格卖出就是赚了，以超过10元的价格买进就是亏了，这样使思路更加清晰。

教师总结：不管是用哪种方法解题，它都有它们各自的优点。同学们可以根据自己的实际情况，选择自己最喜欢的方法来解题。老师习惯用第二种方法进行思考，因为它相对更简便。

（三）深入探究

1. 教师启发，情感提升

教师引导：在刚才的问题中，你发现了其中的陷阱并能快速破解了吗？没有马上发现陷阱的同学也不要灰心，我们再来试试，相信自己，仔细审题。这次你一定会破解着其中的陷阱，加油！接下来我们再来看看第二个问题！

课件出示：王师傅是卖鞋的，一双鞋进价45元，现降价甩卖只卖30元。顾客买鞋给了一张100元给王师傅。王师傅没有零钱所以去邻居家换了零钱。后来邻居发现100元是假币，所以王师傅又给邻居赔了100元。同学们，王师傅一共赔了多少钱？

2. 寻找信息，理清思路

学生观察并整理关键信息：

① 进价45元，降价到30元；

② 顾客给了100元的假币；

③ 赔了邻居100元；

④ 问一共赔了多少钱？

学生独立思考并尝试解题。

指名汇报,学生可能会出现多种不同答案:

① 顾客给 100 元假钱给王师傅后,王师傅找了顾客 100－30＝70(元)。王师傅除了找 70 元零钱给顾客还给了顾客一双鞋,鞋子的进价是 45 元。最后邻居发现 100 元是假钱,王师傅又赔给了邻居 100 元,所以最终王师傅总共赔了:70＋45＋100＝215(元)。

② 刚开始王师傅用 100 元的假钱跟邻居换了 100 元零钱,最后王师傅赔了 100 元给邻居。在这个过程中,王师傅既没有赔也没有赚。在王师傅与顾客的交易中,顾客给了王师傅 100 元假钱,买了一双 30 元的鞋子,王师傅找了顾客:100－30＝70(元),王师傅除了找 70 元零钱,还给顾客一双鞋子,鞋子进价 45 元,所以整个过程中王师傅一共赔了:70＋45＝115(元)。

教师引导分析:这道题又是讲了怎么一回事呢?哪里容易弄混?

学生可能回答:交易对象为多个,思路关系难理清。

教师启发:像这样关系复杂,交易对象为多个的问题怎么解决才不容易错?

引导学生理清解题思路:

① 排除邻居;

② 理清王师傅与顾客之间的关系。

3. 教师引导,解决问题

学生再次思考,尝试解决,教师适当提示(可画图分析)

指名学生汇报。

预设学生方法一:

① 100－30＝70(元)

② (100－30)＋45＝115(元)

教师质疑:每一步算式表示什么意思?是根据什么列式?求的是什么?

引导明确并完整表述:刚开始王师傅用 100 元的假钱跟邻居换了 100 元零钱,最后王师傅赔了 100 元给邻居。在这个过程中,王师傅既没有赔也没有赚。

根据"顾客给了王师傅 100 元的假钱,买了一双 30 元的鞋子,王师傅找零钱给顾客"可以列式 100－30＝70(元),求出王师傅找了 70 元给顾客。

根据"一双鞋进价 45 元""王师傅找了 70 元零钱给顾客"可以列式 70＋45＝115(元),求出王师傅在整个过程中共亏了 115 元。

预设学生方法二:

① 收 100 元

② 45＋70＋100＝215(元)

③ 215－100＝115(元)

教师质疑:每一步算式表示什么意思?是根据什么列式的?求的是什么?

引导明确并完整表述:

① 根据"顾客给了王师傅 100 元假钱,王师傅用那张假钱跟邻居换了 100 零钱"可以发现王师傅的总收入是 100 元。

② 王师傅的总支出分别是:鞋子的进货、给顾客找的零钱、赔给邻居 100 元钱。根据

全部支出可以列式:45+70+100=215(元),求出王师傅一共支出了215元。

③ 根据王师傅的总收入以及总支出可以列式215-100=115(元),用王师傅的总收入减去总支出,求出的就是王师傅在整个过程中所亏的115元钱。

(四)合作探究

教师引导:通过刚才的观察,老师发现,大多数同学都快速地发现并破解了题目中给我们设计的陷阱,同学们可真厉害。可是,老师觉得一个人厉害还不行,得要你们组内的小伙伴都厉害才行,团队的力量才是最强大的。同学们,你们准备好小组合作了吗?

课件出示问题3:李师傅是卖鱼的,一公斤鱼进价46元。现市场价大甩卖30元一斤。顾客买了一公斤,给了李师傅100元假钱,李师傅没零钱,于是找邻居换了100元。事后邻居存钱过程中发现钱是假的,被银行没收了,李师傅又赔了邻居100元,请问李师傅一共亏了多少钱?

请学生小组合作完成解题。

合作要求:

① 仔细审题,小心陷阱;

② 独立思考再小组合作;

③ 小组汇报,派代表解答。

教师根据学生的答案进行针对性讲解,具体方法如下:

方法一:

① 先理清李师傅与邻居之间的金钱转换关系。刚开始李师傅用100元的假钱跟邻居换了100元零钱,最后李师傅赔了100元给邻居,在这个过程中邻居既没有赔也没有赚。

② 根据"顾客给了李师傅100元的假钱买了一公斤鱼,李师傅找零钱给顾客"引导学生列式并板书:100-(30×2)=40(元),求出李师傅找了40元给顾客。

③ 根据"鱼的进价为46元一公斤""李师傅找了40元零钱给顾客"引导学生列式并板书:46+40=86(元),求出李师傅在整个过程中共亏了86元。

方法二:

① 根据"顾客给了李师傅100元假钱,李师傅用那张假钱跟邻居换了100元零钱"这一信息,我们可以发现李师傅的总收入是邻居给他的100元。

② 李师傅的总支出分别是:一公斤鱼的进货、给顾客找的零钱、赔给邻居100元。根据总支出引导学生列式:46+40+100=186(元),求出李师傅一共支出了186元。

③ 用李师傅的总收入减去总支出,求出的就是李师傅在整个过程中所亏的钱。根据李师傅的总收入以及总支出引导学生列式:186-100=86(元),所以李师傅在整个交易中亏了86元。

(五)全课总结

教师总结:通过刚才的独立思考解题和小组合作解题,同学们,你们觉得我们今天学习的题目难吗?嗯,还是有一些同学觉得有难度。其实,同学觉得难只是因为被题目中一些信息给迷惑了。要知道有时候题目会给我们设置许多陷阱,这就需要我们细心审题,冷静分析,主动排除干扰信息,这样才能完成解题。

(六) 课堂作业

小红向爸爸妈妈各借了500元;买鞋用了970元,剩30元;还给爸爸妈妈各10元,自己剩10元。

小红想:爸爸还差490元,妈妈还差490元,手上剩10元,可以得到:1000－(490＋490＋10)＝10(元),请还有10元钱到哪里去了?

学生独立思考,尝试解决。

指名汇报,解释说明。

教师评价,引导:

① 根据"小红借了爸爸妈妈500元,后来她每人还了10元,还欠爸爸妈妈一人各490元。"可以列式490＋490＝980(元),求出小红还欠父母980元。

② 小红还欠爸爸妈妈980,因为小红已经还了20元。可以列式:980＋20＝1000(元),还欠的加已经还掉的就等于总钱数。

③ 小红还剩下10元应该这样理解:小红花了970元,又给了父母各10元,也就是20元,自己还剩10元,即:970＋20＋10＝1000(元)。引出用1000－(490＋490＋自己的10元)＝10(元)这样计算是错的。

(七) 板书设计

智破陷阱

方法一:

13－10＝3(元)

15－3＝12(元)

18－12＝6(元)

邻居 —100(元)→ 王师傅

邻居 —赠100(元)→ 王师傅

方法二:

13－10＝3(元)

18－15＝3(元)

3＋3＝6(元)

方法一:

找:100－30＝70(元)

鞋子进价:46元

整理得:70＋45＝115(元)

方法二:

13－10＝3(元)

15－10＝5(元)

18－10＝8(元)

3＋8－5＝6(元)

方法二:

收:100元

支:45＋70＋100＝215(元)

整理得:215－100＝115(元)

八、课外作业

(一) 作业设计

(1) 有 3 个人去住旅馆,共同租了一间房,每人付了 10 元,一共 30 元。由于旅馆搞优惠,总共退回 5 元。服务员私自扣下了 2 元,每个人退了 1 元。这样这三个人实际是每人付了 9 元钱,共 27 元。加上服务员私扣下的 2 元,一共是 29 元,那还有 1 块钱哪里去了?

(2) 有 3 个人去吃面条,三碗 30 元。三个人每人掏了 10 元凑够 30 元交给了老板。后来老板只要 20 元,服务员拿走 4 元,还剩 6 元,剩下两元退给每人 2 元,这样 $3\times 8+4=28$。还有 2 元去哪了?

(3) 一个商人骑一头驴要穿越 1000 公里长的沙漠,去卖 3000 根胡萝卜。已知驴一次性可驮 1000 根胡萝卜,但每走 1 公里又要吃掉 1 根胡萝卜。问:商人最多可卖出多少胡萝卜?

(二) 作业建议

(1) 教师应尽量选择富有趣味性的题目。
(2) 课外作业的难度和题量要适中。

九、教材推荐

推荐教材:学而思培优教研中心:《数学思维训练(小学三年级)》,电子工业出版社,2013。

推荐理由:本书是按照奥数学习模块分专题由简至难编写的,且有详尽的答案解析。针对经典题有视频资源以供学习,方便学生对相关知识点的掌握,亦可作为学生思维拓展的资料,激发学生的学习兴趣。

设计、定稿人:韩卓雅　方　恩　钟　漫

15. 农夫过河

一、内容简介

《农夫过河》这类专题考察的是学生的快速逻辑运算能力和短期记忆力。在"狼－羊－菜"这个食物链中,"羊"处在关键位置,解决问题的指导思想就是将"羊"与"狼"和"羊"与"菜"始终处于隔离状态,即"羊"总是最后被带过河。这节课主要通过教具演示、小组合作等方式,帮助农夫顺利过河以培养学生的动手操作能力和逻辑思维能力。

二、教学目标

(1) 借助农夫过河的数学逻辑问题,探讨研究找到解决问题的方法;同时,培养学生自己动脑动手解决问题的能力。

（2）通过角色扮演、教具演示的形式，学生自己探讨解决问题的方法，寻找答案；同时，发展学生的动手操作能力和逻辑思维能力。

（3）通过这节课，让学生领悟到数学里有很多有趣的知识，激发学生探究学习的欲望，培养学生学习数学的兴趣。

三、教学重难点

教学重点：理解农夫过河中的"羊""白菜""狼"三者之间的共存关系，找到最合理的过河方案；并且会用不同的形状、图案、符号等代表"羊""白菜""狼"。

教学难点：自己能设计并完整表述出"羊""白菜""狼"安全过河的方案。

四、教学准备

多媒体课件、卡纸、印有狼、羊、白菜、农夫的图片。

五、课时安排

1个课时。

六、教学建议

（1）在播放微课前，要说清楚观看微课的要求。让学生带着任务观看微课，提取关键信息以更好地解题。

（2）教师可以组织学生尝试采取角色扮演的方式，放手让学生全员参与课堂，培养学生的综合能力。在这一过程中，教师要根据学生的表现及时给予反馈。

（3）教师应该充分让学生表达自己的想法，尊重学生的不同意见，引导学生发现其优点和不足，激发矛盾，引起共鸣。

七、教学流程设计

（一）谈话引入

教师课前谈话：请大家用一句话，谈谈你眼中的数学。

根据学生回答教师总结：数学在大家的眼里是各种各样的。其实，数学并不是简单的计算，它包含着很多的学问，并能帮助我们解决生活中的难题。这里就有一位农夫，他也遇到了大难题，我们一起去看看吧。

请大家拿出笔和本子，观看微课，记录重要信息。

播放微课：从前，有一个农夫在集市上买了一只羊和两棵白菜，回家的路上要经过一条小河，他要把这三件东西带过河去。

那儿仅有一只很小的旧船，船很小，只够农夫带一样东西过河，否则就有沉船的危险。

刚开始，他带了菜上船，回头一看贪嘴的羊要吃鲜嫩的白菜，农夫只好又回来。

他站在岸边，苦恼地看着这几样东西不知该如何是好。小朋友，你能帮助农夫找到过河的方法吗?

(二) 新知探究

1. 揭示课题

指名回答:农夫遇到了什么难题?

教师引出课题:农夫想要带东西顺利过河,这就是我们今天需要解决的问题——农夫过河。(教师板书课题)

2. 独立思考,初步探究

教师引导:首先我们需要理清这些物品之间的共存关系,白菜和白菜可以共存,羊和白菜不能共存。

学生自主探索解决的方法。

教师巡视,适时提示:可以选用不同的符号、字母等表示这些物品的名称;可以用图示、文字表示过河的步骤。

推选思路最清晰的小组展示,引导得出:白菜和羊不能共存。

教师边教具演示边引导学生完整表述过河的过程:

第一步必须带羊过河,农夫返回;

第二步带白菜过河;白菜过河后带羊返回;

第三步带白菜过河,农夫返回;

第四步带羊顺利过河。

教师小结:刚刚我们用了什么好方法清楚表示了农夫过河的过程?

教师总结:符号简化法、图示法。

农夫的难题还没解决完,这次过河又遇到了怎样的难题呢?一起去看看吧!

3. 小组合作,深入探究

(1) 播放微课,激发兴趣。

微课引入:从前,有一个农夫带着家里的狼犬去集市上买了一只羊和一棵白菜,回家的路上要经过一条小河,他要把这三件东西带过河去。

那儿仅有一只很小的旧船,船很小,只够农夫带一样东西过河,否则就有沉船的危险。

刚开始,他带了菜上船,回头一看,凶狠的狼犬正在欺侮胆小的羊。

他连忙把白菜放在岸上,带着狼犬上船,但贪嘴的羊又要吃鲜嫩的白菜,农夫只好又回来。

他站在岸边,苦恼地看着这几样东西不知该如何是好。小朋友,你能帮助农夫找到过河的方法吗?

(2) 寻找信息,明确要求。

教师引导:这次可不一样,来了只凶狠的狼犬,又该怎么办呢?这三件物品中,狼和羊不能共存,羊和白菜不能共存,但狼和白菜可以共存。你又有什么好方法帮助农夫过河呢?

课件出示并明确合作要求:

① 小组成员都要参与讨论;

②组长负责将答案填在卡纸上,字要大;

③用不同的符号、图形或者字母来代表农夫、白菜、羊和狼犬。

小组合作探讨出最佳方案,并尝试用简便的方法将过河过程呈现。

(3)分组汇报展示。

①张贴各个组的卡片:老师发现同学们都积极参与到讨论中,为农夫献计献策真棒,现在请每组派一个代表把卡片收集起来贴在黑板上。

②相互评价,指名演示过河的步骤。

③教师边讲述边板书步骤:

第一步:把羊带过河,坐船返回;

第二步:把狼带过河,带羊返回;

第三步:将羊放在一岸后,带白菜过河;坐船返回;

第四步:把羊顺利带过河。

或者:第一步:把羊带过河,坐船返回;

第二步:把白菜带过河,带羊返回;

第三步:将羊放在一岸后,带狼过河;坐船返回;

第四步:把羊顺利带过河。

(4)归纳小结。

教师提问:再次帮助农夫顺利过河,谈谈你的感想。

(三)课堂总结

教师引导:今天我们帮助农夫解决了难题,你有什么收获?

学生自由回答,教师引导回顾。

结束语:今天我们学习了《农夫过河》这个有趣的数学问题,同学们通过激烈的讨论,找到了解决问题的办法。解决这类问题的突破口就是要理清实物之间的共存问题。只要我们留心观察、精心思考,就一定能找到解决的办法。

（四）板书设计

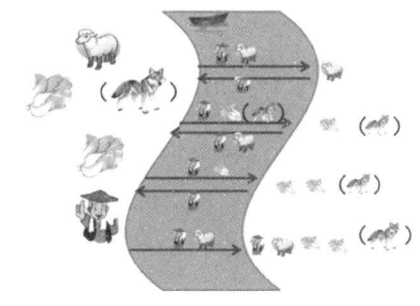

八、课外作业

（一）作业设计

（1）人兽过河，三个人和三只兽一起过河，一条船只能载两个人或者两只兽，或者一个人一只兽；当河的一边兽的数目大于同一边人的数目时，兽就会把人吃了。如何过河才能使每个人的生命得到保证呢？

（2）回去和朋友玩一玩农夫过河的游戏，并向他介绍过河的方法。

（3）你能试着自己找一个食物链，然后设计一个类似农夫过河的问题吗？比如说：老虎吃兔子，兔子吃草。

（二）作业建议

（1）本节课研究的农夫过河设计到实物共存的问题，所以布置作业时给出的题型也应该遵循这个原则。

（2）作业的难度要考虑学生的学习基础与认知水平，与本节课的难度基本相符，不宜提升太高。

（3）要求学生以书面的形式完成作业。老师在下节课前，将作业收上来批改。建议在批改作业的时，注重查看学生的做题思路。

九、教材推荐

推荐教材：蒋顺，李济元：《小学奥数优化读本（三年级）》，陕西人民教育出版社，2016。

推荐理由：《农夫过河》属于推理类板块的内容。在该书的第5讲，书中有对《推理》这一内容做具体的专题简析，并且有许多的关于培养推理思维的练习题，每种题型都有具体的方法解析。

设计、定稿人：杨佳丽　张　灿

16. 奇思妙解

一、内容简介

在《奇思妙解》一课中,主要是想让学生打破常规思维从多种角度去思考解题的方法,培养学生创造性思维。从巧移水杯进行导入,激发学生的学习兴趣,让学生明白:不仅仅只是移动杯子还可以交换杯子里的水。但后面学习的九子连线和黄金分割难度较大,比如九子连线要把线段画出点外。平常的思维可能会局限到解题,所以本节课的难点在于如何引导学生突破原有的常规思维进行创新思维。

二、教学目标

(1) 通过小组合作探究,体会数学题目解法的多样性,培养创造性思维。
(2) 通过观察、对比等活动,进一步发展思维能力和空间观念。
(3) 提高对数学学习的兴趣,增强学习自信心。

三、教学重难点

教学重点:创造性思维的培养,体会解题方法的多样性。
教学难点:突破定向性的思维,用巧妙的方法解题。

四、教学准备

多媒体课件、一次性水杯和水、剪刀、长方形卡纸若干。

五、课时安排

1个课时。

六、教学建议

(1) 注意时间的把握,题目由简到难。
(2) 教学准备要充分,应提前检查好教具是否完善。
(3) 每个环节要熟记于心,能根据学生反应随机应变。

七、教学流程设计

(一) 巧动水杯,激发兴趣

教师提问:同学们,你们听过阿凡提的故事吗?那你们觉得阿凡提是一个怎样的人吗?(聪明)国王也听说阿凡提很聪明,决定要考验一下阿凡提的智慧。我们一起来看看国王是怎样说的。

播放微视频1:有6个杯子,左边3个是水杯,右边3个是空杯,要使有水和没水的杯子隔开,最少需要动几个杯子?

学生独立思考,指名学生回答:移动两只水杯,把左边第二只杯子和右边第二只杯子位置交换。

教师及时评价后,继续提示、引导学生:阿凡提开始也是这样想的,但是国王说"只能动一个杯子就将有水和没水的杯子隔开"。想一想,如果只动一个杯子应该怎么做?

学生思考,指名上台演示。

引导学生总结:把左边第二个水杯里的水,倒给右边第二个空杯就可以只动一个杯子了。(学生上台演示,老师要提醒:下面的同学注意观看)接着,课件展示动画公布答案。

教师总结、揭示课题:刚才,我们通过打破常规和阿凡提一起完成了国王的考验。接下来,我们就尝试打破常规思维,利用奇思妙想来解决问题。(教师板书课题)

(二)九子连线,突破思维

教师质疑:现在你们愿意挑战下面的题目吗?

播放微视频2:请你用四条线,把图中的九个点都连接起来,四条线必须一笔画成。

· · ·

· · ·

· · ·

学生先独立思考,教师再引导:这道题是不是和我们以前学过的一笔画有点相类似?何为"一笔画"?一笔画图形有什么特点?

引导学生回忆一笔画特征。(图形必须是联通的;笔不能离开纸要一笔画成,且路线不能重复)

出示合作要求,指名阅读,明确要求:

① 组长明确分工,组内成员都要参与。

② 仔细审题,打破常规,尽可能多的连接图中的点。

③ 小组汇报,派代表上台展示。

学生分小组合作探究,教师巡视。如果发现学生很难想到正确答案,教师需要进一步引导学生观察发现:分别出示3×3和4×4的点阵图,对比看看有什么不同。

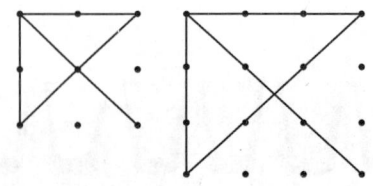

学生可能会回答：(相同)红色连线部分，图形都是一样的。(不同)图形的大小不同，而且第一幅图只连接了7个点，第二幅图连接了12个点。

请同学用一句话概括：一样的图形，大小不同，就可以连接不同的点数。

教师质疑：你能想出办法既满足题目要求，又能连接9个点吗？

请一名同学上台演示，学生可能发现：可以放大3×3的点阵图中红色部分的图形，就能连接更多点。

学生边说，教师边演示播放课件，重复展示一遍解题思路。(将4×4点阵图中多余的点隐藏变成3×3的点阵图，可以清楚地发现红色部分已经连接了题目中给出的9个点)

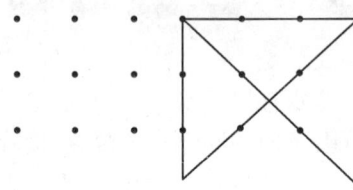

教师课件展示四个答案：

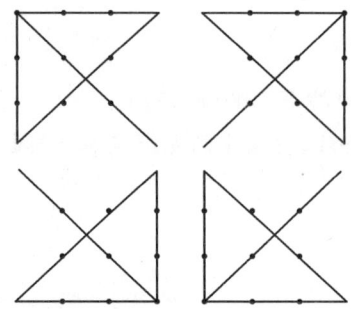

引导学生总结：先尽可能是尝试多连几个点。如果不能连完，就想想看有没有其他的办法能够多连点，可以尝试延长线段，多连几个点。

(三) 分割金条，灵活运用

1. 播放微课，出示问题

教师引入：这两个题目都没能难倒大家，看来我们班同学都能堪称"小小阿凡提"，那接下来我们的难度要加大了！看看你们是否会给老师带来更大的惊喜呢？

课件出示(播放微视频3)：假如你是老板，让工人工作7天，给工人的回报是一根金条。现在将金条平均分成了相连的7份，你必须在每天结束时给他们1份金条。如果只许你切两次金条，你要怎么分割，才能保证如期支付给工人？

2. 寻找信息，尝试解决

引导学生审题：从这段微视频中，你获取了哪些关键的数学信息？要解决什么问题？

引导分析:在这个题目里,我们先要看一根金条要怎么分割,分成哪几段,能够不多不少的给工人如期支付第1-7天的工资。

提示:可以进行"找付",即可以多给工人一段长金条,让工人找回一段短金条。

教师质疑:

① 如果第一天就给工人两段金条行吗?(第一天只能给一段金条)

② 第二天给工人四段金条可以吗?(不可以,这时工人要还我们三段金条,不够还)

提示:

按照可以"找付"的方式,尝试寻求解题的方法。

③ 每次切割时,只能够沿着黄线部分竖着切。

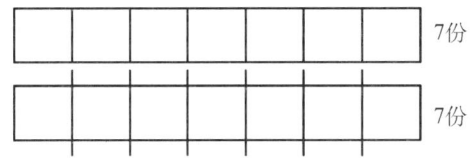

④ 切断后金条可以叠在一起进行切。

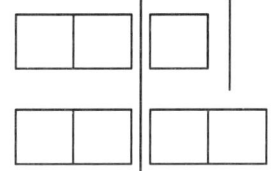

教师可以选择一种正确切法,先带着同学一起做一次,感受老板和工人之间"找付"的方式。这样可以促进对分法和给法的进一步理解。

3. 合作探究

(1) 按要求分组开展合作探究。

① 先让学生同桌两人形成小小组,一起思考还可以怎么分割金条。分割完后,一人饰演老板,一人饰演工人演示给法。同时,记录活动过程中的切法和给法。

② 全部完成后,在大组内相互交流,统计出多种割法和给法。

③ 小组依次汇报完后,再选派两名代表上台分角色演示切法和给法。(第一组先进行演示,其他小组按顺序补充。注意:只要补充,不要重复)

(2) 分组开展汇报。

① **第一种类分法**:把金条分成三段(切两刀,切成1、2、4段),分别是整根金条的$\frac{1}{7}$、$\frac{2}{7}$、$\frac{4}{7}$。

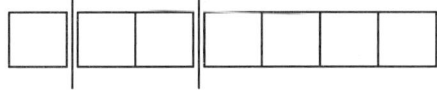

课件动画展示:

第一天:给$\frac{1}{7}$;第二天:给$\frac{2}{7}$,收回$\frac{1}{7}$;第三天:给$\frac{1}{7}$;第四天:给$\frac{4}{7}$,收回$\frac{1}{7}$和$\frac{2}{7}$;第五

天:给$\frac{1}{7}$;第六天:给$\frac{2}{7}$,收回$\frac{1}{7}$;第七天:给$\frac{1}{7}$。

第二类分法共1种。

② **第二种分法**:把金条分成四段(切两刀,切成1、2、2、2段),分别是整根金条的$\frac{1}{7}$、$\frac{2}{7}$、$\frac{2}{7}$、$\frac{2}{7}$。

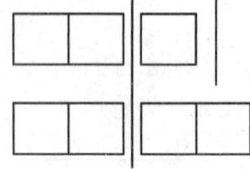

课件动画展示:

第一天:给$\frac{1}{7}$;第二天:给$\frac{2}{7}$,收回$\frac{1}{7}$;第三天,给$\frac{1}{7}$;第四天:给$\frac{2}{7}$,收回$\frac{1}{7}$;第五天:给$\frac{1}{7}$;第六天:给$\frac{2}{7}$,收回$\frac{1}{7}$;第七天:给$\frac{1}{7}$。

③ **第三种分法**:把金条分成四段(切两刀,切成1、1、2、3段),分别是整根金条的$\frac{1}{7}$、$\frac{1}{7}$、$\frac{2}{7}$、$\frac{3}{7}$。

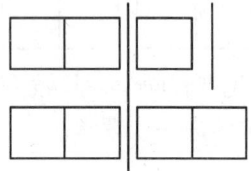

课件动画展示:

第一天:给$\frac{1}{7}$;第二天:给$\frac{1}{7}$;第三天,给$\frac{2}{7}$,收回$\frac{1}{7}$;第四天:给$\frac{1}{7}$;第五天:给$\frac{3}{7}$,收回两个$\frac{1}{7}$;第六天:给$\frac{1}{7}$;第七天:给$\frac{1}{7}$。

④ **第四种分法**:把金条分成四段(切两刀,切成1、1、1、4段),分别是整根金条的$\frac{1}{7}$、$\frac{1}{7}$、$\frac{1}{7}$、$\frac{4}{7}$。

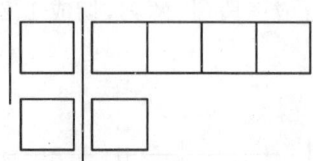

课件动画展示:

第一天:给$\frac{1}{7}$;第二天:给$\frac{1}{7}$;第三天,给$\frac{1}{7}$;第四天:给$\frac{4}{7}$,收回$\frac{1}{7}$、$\frac{1}{7}$、$\frac{1}{7}$;第五天:给$\frac{1}{7}$;第六天:给$\frac{1}{7}$;第七天:给$\frac{1}{7}$。

(3) 对比归纳。

教师出示表格,学生完成整理归纳:

切法	第一天	第二天	第三天	第四天	第五天	第六天	第七天
…							

指名学生展示,集体订正,教师课件验证:

切法	第一天	第二天	第三天	第四天	第五天	第六天	第七天
124	给1	给2,还1	给1	给4,还1和2	给1	给2,还1	给1
1222	给1	给2,还1	给1	给4,还1和2	给1	给2,还1	给1
1123	给1	给2,还1	给3,还2	给2,还1	给1	给1	给1
1114	给1	给1	给1	给4,还111	给1	给1	给1

教师质疑引导:对比四种方法,有什么异同? 如果不能重叠切割,只能选用哪种方法? 学生对比观察,讨论,指名汇报,全班订正。

(四) 课堂总结

教师提问:通过这节课的学习,你有什么收获呢?

学生自由回答,教师引导。

总结:通过这节课的学习,我们明白做题目可以从多方面的角度去寻求解题思路。遇到难题时,冷静思考,敢于创新思维寻求答案,有序地思考问题。

(五) 板书设计

奇思妙解

7份

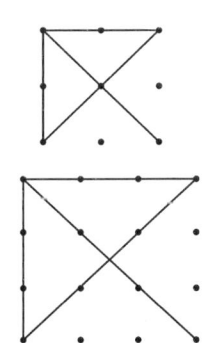

切法	第一天	第二天	第三天	第四天	第五天	第六天	第七天
124	给1	给2,还1	给1	给4,还1和2	给1	给2,还1	给1
1222	给1	给2,还1	给1	给2,还1	给1	给2,还1	给1
1123	给1	给1	给2,还1	给3,还1	给2,还1	给1	给1
1114	给1	给1	给1	给4,还111	给1	给1	给1

八、课外作业

（一）作业设计

（1）篮子里有四个苹果，由四个小孩子平均分，到最后，篮子里还有一个苹果。请问：他们是怎样分的呢？

（2）一个长方形的升斗，它的容积是1升。有人也称之为立升或公升。现在要求你只使用这个升斗，准确地量出0.5升的水。请问应该怎样办才能做到这一点呢？

（3）小石头手里有50元钱，买衣服花了20元还剩30元；买拖鞋花了15元还剩15元；买糖果花了9元，还剩6元；买食品花了6元，还剩0元。把买东西的钱加起来等于50元，把花去的价钱加起来等于51元这是为什么？

花去	剩余
买衣服20元	30元
买拖鞋15元	15元
买糖果9元	6元
买食品6元	0元
总计：50元	总计：51元

（二）作业建议

（1）题目难度要符合学生学情，题目必须是在学生认知水平以内的题目。

（2）在选题上，要符合本节课学习的内容，选择能突破常规思维的题目。

（3）要能加深学生对知识的理解，进行巩固练习，并能及时给出反馈。

九、教材推荐

推荐教材：柯友辉：《全世界孩子都爱玩的700个数学游戏》，新世界出版社，2009。

推荐理由：《奇思妙解》在该书的第五章中有所体现。第五章玩转思维通过解答这些数学谜题，让孩子在享受乐趣的同时，全面提升观察力、分析力、判断力、想象力、创造力等各方面的能力。

设计、定稿人：王　洁

17．开心猜数

一、内容简介

《开心猜数》是一节趣味性较强的活动课。本节课教师通过游戏的方式激发学生的兴趣，利用卡片等教具吸引学生的注意力。在游戏中，引导学生发现和寻找规律，培养学生自主探究的能力。在学生发现规律后，再让学生以小组合作的形式，自己动手制作卡片，从而巩固学生的知识以及培养学生的动手能力和合作能力。

二、教学目标

（1）通过发现卡片上的数之间存在的规律，从而进行卡片奥秘的探索，培养自主探究能力。

（2）明白卡片上数的排放原理，通过小组合作的形式，自己动手制作后面的卡片，培养合作能力和动手实践能力。

（3）激发对数学的探究欲望以及浓厚数学的学习兴趣。

三、教学重难点

教学重点：引导学生自主发现卡片上数的规律。

教学难点：让学生明白卡片上数的排放原理，并能自己动手制作后面的卡片。

四、教学准备

多媒体课件、游戏卡片、发现规律的表格，每组准备课中用来制作游戏卡片的五张小卡片。

五、课时安排

1个课时。

六、教学建议

（1）在导入时，要富有神秘感，才能更好地激发学生的学习兴趣。

（2）在引导学生的过程中，不仅要让学生清楚每张卡片上的第一个数它们之间存在着什么规律，更要让学生清楚这其中的原理。

（3）教学方式可以多样，比如在猜数时，可以老师说同学猜、也可以同学说老师猜、还可以同学互猜等。

七、教学流程设计

（一）游戏导入

老师谈话：同学们，今天我们一起来玩一个游戏，叫作"开心猜数"。你们信不信一会儿老师能靠四张卡片，就能猜出你们心中想的数？

老师在黑板上贴了四张卡片，仔细观察四张卡片。等一下我会请同学来和老师一起来玩这个游戏。

课件出示游戏规则：

① 从1到15随便想一个数。

② 请一个同学来写在黑板上。

③ 其他同学监督老师有没有偷看。

请一位同学玩游戏，玩游戏之前复述一遍游戏规则。

第一张	第二张	第三张	第四张
1　3　5　7 9　11　13 15	2　3　6　7 10　11　14 15	4　5　6　7 12　13　14 15	8　9　10 11　12　13 14　15

玩游戏的过程中,教师也可改变方式:现在你想一个数字写在本子上,再给班上同学看。老师背过去,不看你写的数字。

接着询问其他同学:班上的同学都看好了吗?那老师要开始猜了?猜之前,请你先回答老师几个问题:

(1) 第一张卡片上有没有你想的数字?

(2) 第二张卡片上有没有你想的数字?

(3) 第三张卡片有没有你想的数字?

(4) 第四张卡片有没有你想的数字?

教师提问完后,根据学生反馈猜出学生所想的数:那老师猜你所想的数字是——×(教师边问边快速将学生回答"有"的卡片上的第一数相加,就是学生的心中数。如:学生回答第一张和第四张卡片上有他的心中数,那他的心中数×就是:1+8=9)。

当学生提出质疑时,教师可以再请两位同学以同样的方式进行游戏。

当学生发出感叹时,及时引导学生:想不想知道老师为什么能够准确地猜出你们的心中数呢?其实这奥秘就藏在这四张卡片中,看看同学们能不能通过自己的探究发现这其中的奥秘。

(二) 探究新知

课件出示探究活动规则:

① 按要求补充表格内容。

② 认真观察有心中数的卡片上的第一个数。(教师向学生解释"心中数"就是你心里想的那个数)

③ 仔细观察,认真思考,看你能找出什么规律。

第一张	第二张	第三张	第四张	心中所想的数
(填有或无)				(填具体的数)

先指名学生朗读探究活动规则,再明确合作要求。

教师把准备好的纸条发下去。

学生分组讨论探究,教师下去巡视情况,再请学生汇报。

学生汇报后,教师引导学生观察有心中数的卡片上的第一个数与心中数有什么关系。

引导学生发现规律:将有心中数的卡片上的第一个数相加就等于心中数。(比如:7出现在第1张、第2张和第3张卡片上,第1张卡片的第一个数是1,第2张卡片上的第一个数是2,第3张卡片上的第一个数是4。1+2+4=7)

接着,引导学生观察每张卡片上的第一个数,(1、2、4、8、16)它们之间存在什么规律。

学生观察后说出:前一张卡片数乘2等于后一张卡片数。

教师再及时质疑:为什么每张卡片上的第一个数是固定的这几个数?

引导学生明白这其中的原理:因为每张卡片上的数都是用开头的数相加得来的,1是最小的整数,所以第一张卡片上的第一个数是1。比1大的是2,所以第二张卡片的第一个数是2。

1+2=3,1与2不能再组成别的数了,所以第三张卡片的第一个数只能是4。

1+2+4=7,1、2、4三个数最大只能组成7,所以第四张卡片第一个数只能放8。

再继续引导学生观察每张卡片上的数:那为什么1、2、4、8,这四个数其中几个数加起来就能猜到1到15的数呢?

学生发现得出:因为1、2、4、8能组成1到15的任意数字。

教师小结规律:所以我们在猜别人的心中数时,首先要知道别人的心中数出现在哪几张卡片上,再将这几张卡片的第一个数相加。

教师再适时谈话:既然同学们都掌握了这卡片中的小奥秘,那你们能够根据规律制作第五张卡片吗?快自己动手做一做吧。开始之前,先一起来看看制作要求。

(三)小组合作、动手操作

课件出示制作要求:

① 小组合作制做卡片。
② 将15到31的数,按规律填入卡片中。
③ 认真按要求完成,完成后请举手。

等同学经过讨论制作完成后,要求进行汇报。学生汇报内容是:汇报五张卡片上的数分别填的是什么。

汇报并检验完后,再由老师组织学生利用制作的五张卡片进行游戏PK:既然同学们将五张卡片都制作完成了,那我们当然要拿这五张卡片来玩一玩了。(可以组与组派代表进行PK,也可以老师和学生PK,还可以同桌之间PK,以当时情况而定)

(四)课堂作业

思考一下,制作第六张卡片时,需要涉及哪一些数?

(五)回顾总结

教师总结:同学们,我们的猜数游戏好玩吗?有谁能来说说我们玩这个游戏的小技巧是什么?当学生回答"要知道别人的心中数在哪几张卡片上,再将这些卡片的第一个数相加"后,教师引导学生:生活中,我们一定要学会观察。只有善于观察、善于思考才能发现更多的小奥秘。那么回家后,请同学们制作出第六张卡片。

（六）板书设计

开心猜数

第一张	第二张	第三张	第四张	第五张
1 3 5 7	2 3 6 7	4 5 6 7	8 9 10	16 17 18
9 11 13	10 11 14	12 13 14	11 12 13	19 20 21
15 17 19	15 18 19	15 20 21	14 15 24	22 23 24
21 23 25	22 23 26	22 23 28	25 26 27	25 26 27
27 29 31	27 30 31	29 30 31	28 29 30	28 29 30
			31	31

八、课外作业

（一）作业设计

(1) 将本节课猜数游戏的小秘诀记录在作业本上。

(2) 思考第六张卡片的第一个数和最后一个数分别是几,为什么?

(3) 与爸爸妈妈或其他小伙伴一起制作第六张卡片。

（二）作业建议

(1) 布置作业时要注意结合本节课学的内容,因为本节课是活动课,所以尽量布置活动性较强的作业。

(2) 可以要求学生以卡片的形式在下一次上课前上交作业,并规定是将制作好的六张卡片一齐上交。教师主要检查学生制作的卡片上的数是否完整及正确。

(3) 可以在下一次上课前,抽几分钟再与同学们玩一玩这个游戏,当场检查。

九、教材推荐

推荐教材:［俄］别莱利曼著,余杰译:《趣味魔术与数学故事》,天津人民出版社,2017。

推荐理由:《趣味魔术与数学故事》行文和叙述令读者觉得趣味盎然,但字里行间却立论缜密。那些让孩子们平时在课堂上头疼的问题,到了他的笔下,立刻一改呆板的面目,变得妙趣横生。

设计、定稿人:张娟文

18. 见证奇迹

一、内容简介

本节课是一节数学魔术课:第一个魔术是运用扑克牌和魔语去猜学生在数1—13中选中的一个数,第二个魔术是运用扑克牌和魔语找到学生挑中的牌,运用这两个魔术旨在带领学生体会数学中的乐趣,同时也能够培养他们探索数学知识的兴趣,学会自己主动寻找数学中存在的奥妙。

二、教学目标

（1）发现并理解数1—13中潜在的小轮回原理，以及在1—9,10—19,20—29……这些以10为基础量，成倍增加的一组组数中，各个数增加1，各个数自身的个位与十位的和也增加1的原理，能熟练运用其中的原理来玩魔术。

（2）运用数内部本身的原理来变两个数学魔术，通过玩魔术游戏来引发思考，开展探索，通过自主设计数学魔术来培养探究与创造能力。

（3）通过观察与发现生活中数和数学有关的奥秘，激发学习数学的兴趣，感受数学的魅力，培养乐于探索，勇于创新的精神。

三、教学重难点

教学重点：自主探索与发现魔术的奥秘，主动设计数学魔术。
教学难点：主动设计数学魔术。

四、教学准备

多媒体课件、扑克牌、纸、笔、吸铁。

五、课时安排

1个课时。

六、教学建议

（1）这堂魔术课应该是充满趣味以及神秘感的，所以要求上课的老师魔术代入感强，能够生动形象地演绎出一位魔术师的形象，力求语言生动，富有感染力。

（2）这堂魔术课学生自己动手操作的环节比较多，在课堂上学生对于魔术会有强烈的好奇心以及兴趣，因此在上课的过程中，老师应该激发他们的兴趣，在这种氛围的熏陶下逐步培养学生的爱魔术，爱数学，爱数学魔术，并且能够激发在以后的学习生活中自主探索数学奥妙的意愿。

（3）这是一节活动课，要求老师能够把控好课堂纪律和时间。在课堂上，面对学生的好奇心，教师应该充分预设，有较强的控场应变能力。

七、教学流程设计

（一）谈话导入

教师谈话导入：① 同学们，请看大屏幕，屏幕上出现了什么？（课件出示图片）

② 今天老师将用数和数字之间存在的奥秘来和同学们一起玩魔术！在玩魔术之前，我要先隆重介绍一样我的魔法神器！它看不见，它摸不着，

0	1	2
3	4	5
6	7	8
9	10	

它闻不到,它是一句话,一句什么话呢?(课件出示魔语)

现在是见证奇迹的时刻

③ 没错,就是这句话:现在是见证奇迹的时刻。看完这句话肯定有的同学就会在心里想:"这不就是普通的一句话吗,有什么好神奇的。"如果有人这样想的话那可就想错了,因为这句话总能带领我找到我想要的东西。那么接下来让我们一起见证奇迹吧!(板书课题)

(二)魔术一:让我们念到你喜欢的数

1. 老师表演魔术

教师谈话引导:老师的魔术要用到扑克牌。谁知道扑克牌中的 A、J、Q、K 分别应该代表哪些数吗?(学生回答:没错,A 代表 1,J 代表 11,Q 代表 12,K 代表 13)

魔术开始,需要一名小助手上台。

① 选数

老师请小助手在数 1-13 中选一个最喜欢的数,记在心里并且把这个数写在老师准备好的纸上(最好用马克笔写)。写好后把纸折起来,目的是不要让小助手写好的数被老师看到。折好后用吸铁钉在黑板上,不再看。(在这个操作全程中老师不能看学生操作)

② 移牌

老师用 13 张按从小到大、从上到下的顺序叠好的牌进行示范并引导:请你像我这样,将最上面的牌一张一张一张移到最下面去,并且老师在说"一张一张一张"时自己动手移牌,移好后将牌交给学生,让学生从给他的牌的第一张开始按照刚刚老师的操作一张一张移牌,学生移牌的张数就是自己喜欢的那个数也可以说是粘在黑板上的那个数。(在学生动手移牌的过程中,老师是不能看学生操作的)

两步完了之后让学生下台,教师继续示范并引导:接下来我将用我的魔语找出刚刚那位同学心中喜欢的数,你们相信吗?

接下来,老师一张一张移牌,并且口中要念魔语,念一个字移一张牌,让学生跟着自己一起念。魔语最后一个字所对应的牌上的数就是学生心中喜欢的那个数(移牌的张数),老师再将黑板上学生写下的数拿下来打开进行验证,看看自己有没有成功。

教师引导:哈哈,怎么样,老师的魔术成功了,看来我的魔语还真是棒,有谁想再来玩一遍这个魔术?

重新指名另一位同学,按照上面的魔术步骤再进行一次。

2. 学生自主探究原理

教师引导:这个魔术我就变到这里,因为接下来我要让你们成为魔术师,让你们自己来玩这个魔术,可想玩这个魔术必须知道这个魔术原理啊,所以接下来请你们自主探索这个魔术中的原理。

教师提问:老师给每个组发 13 张扑克牌,你们以小组合作的形式来动手摆一摆,动脑想一想,为什么每次魔语的最后一个字总能对应你所喜欢的那个数字呢?

(课件展示)魔术探究要求及提示

① 探究时间 5 分钟。

② 只探究与魔术原理相关的内容。
③ 注意不乱玩牌,不丢失或损坏扑克牌。

教师引导:同学们,在探究之前老师给你们一点小提示:① 铺一铺,将你拿到的 13 张牌按照从小到大,从左到右的顺序一张一张地铺在桌子上。② 移一移,将铺好的牌的前三张先按顺序一张一张的移到后面去,再移动自己喜欢的数的牌的张数。③ 用一用魔语,将我的魔语每个字对应一张牌念一念。最后看看你有什么发现。现在开始吧。

学生开始按照老师提示动手探究,教师下台巡视情况,适时进行辅导。

3. 魔术原理讲解

(1) 探究结束,把牌收上来,请同学们说一说自己发现的原理。(在这里学生不一定能讲清楚,但只要他们能够体会到这个魔术原理大概就很不错了)

(2) 老师借助课件动画讲解原理。

教师引导:老师事先示范了三张,当 13 张牌中前三张牌移到末尾后,这三张牌之前还剩下 10 张,刚好对应魔语的十个字,接下来就是学生移牌的操作了,学生喜欢的数是几就移几张牌,假如喜欢 1,就移 1 张到后面去,这样前面就只剩下 9 张牌了,那么魔语第 10 个字自动对齐移动到后面那张牌,那么魔语第 10 个字就刚好对应扑克牌 A(数字 1),以此类推,所以不管学生喜欢的数是 1—13 中的几,魔语的第 10 个字总能对应到学生喜欢的那个数,这就是运用了数自己本身存在的循环轮回规律。

(3) 学生上台当魔术师进行表演,老师当助手。

4. 学生自主改编魔术

再次将牌发下去,教师提出改编要求。(课件展示)

① 改编时间 5 分钟。
② 不乱玩牌,丢失或损坏扑克牌。

教师引导:同学们,那具体我们可以如何改变魔术呢?在这里我给同学们一些提示。(课件展示)

提示:
① 改编魔语字数。
② 改编牌张数。
③ 既改编魔语字数又改编牌张数。

教师引导:你们可以继续运用我们刚刚学的这个魔术原理,但是我们可以改编一下魔语,让魔语变为属于自己风格的话,改编魔语的字数,如果魔语不是 10 个字,而是 9 个字,8 个字,或者 11 个字,这个魔术应该怎么变呢?又或者你不想改变魔语,那你可以改变一下牌的张数,如果不是 13 张牌而是 11 张,12 张又或者 14 张,这个魔术又该如何变呢?或者你更想有挑战性,你既改变魔语的字数又改变牌的张数,那这个魔术又该如何变呢?又或者,你非常厉害,你已经完全具备成为一名优秀魔术师的潜能,你要运用另外一个不是老师刚刚讲的这个跟数字有关的新原理来设计创造一个全新的魔术,那这个魔术又该如何变呢?好啦,老师的提示就到这里,接下来由同学们创作吧!

同学自主创作,老师下台巡视,适时给予指导。

改编时间结束后,每个小组派一名学生上来展示成果:改编的同学当魔术师,请其他

小组同学当助手。(时间不够的话,就只请两个小组派一名上来上来,请其他两个小组来当助手)

学生完整地表演一遍他的魔术,小助手要配合。

教师引导:① 找出小魔术师改变了什么内容。(魔语,牌数,其他)

② 评价台上的小魔术师表现的怎么样。(熟练度、表情、语言、神态、神秘感等)

(三)魔术二:让我们一起念到挑中的牌

(1)教师引导:接下来我们开始第二个魔术,名字叫作"让我们一起念到挑中的数",这个魔术我也需要一个小帮手,让我找到一位幸运儿……请你上来,接下来我将这些牌(29张粘了吸铁的牌)交给你并且我将转身不再看你的任何操作,你只要按照我的要求行事就好,请下面同学监督看看我有没有偷看,并且在我变魔术的过程中将我魔术的5个步骤简要记录一下,方便自己探索魔术原理。

① 选数:请你在数20—29中选一个你最喜欢的数把他记在心里,不要告诉任何人,最主要不要让我知道。

② 粘牌:将牌按照从我的右手到我的左手的顺序一张一张地将它粘到黑板上。你喜欢的数是几你就粘几张。

③ 加数:请你将你最喜欢的那个数字的个位与十位在心里进行相加,加好的得数记在心里,不要告诉任何人,最主要不能让我知道。

④ 数牌:请你从最后一张牌开始一张一张地往回数,刚刚在心里相加的得数是几你就往回数几张牌,最好用手指着数,别让自己数错了。

⑤ 挑牌:将你刚刚往回数到的最后那张牌挑出来,从黑板上拿下来看看上面的数字和花色,也可以给下面同学看,但看了之后不能说出来,主要是不能告诉我,不然这个魔术就不好玩了。(在这5个步骤操作的过程中,教师都应该背对黑板不看台上同学表演)

(2)最后,老师用魔语找到挑中的那张牌:让我们一起念出魔语,"现在是见证奇迹的时刻",我的魔语跟我说要我再将它念一遍,"现在是见证奇迹的时刻",歆,我的魔语告诉我,它已经帮我找到这张挑中的牌了,就在他最后一个"刻"字的前面这张牌。

老师将那张牌拿下来,进行验证。(时间允许的话,魔术再玩一遍)

教师小结:时间关系,这第二个魔术就玩到这里,如果想知道这个魔术奥秘,请课后自己去探索去思考、去发现。

(四)全课总结

通过这节课的学习,你收获了什么?

学生自由汇报,教师引导。

全课总结:这两个魔术,我们都只是运用了数和数字他们本身的奥秘。生活中还有很多运用数和数字本身奥妙来设计有趣游戏的例子,像咱们之前趣味课堂上学习过的数字黑洞、数豆子、巧用借1法以及有趣的回文数等它们都是运用了数和数字之间的奥秘。数字的奥妙无穷大,数学的魅力就更加无穷大了,我希望同学们在以后的学习中能够自己主动探索,不断发现数学的奥秘与美丽。

（五）板书设计

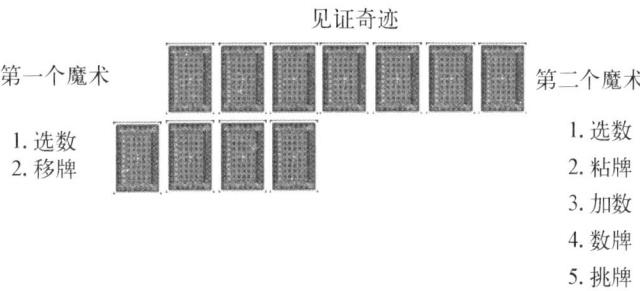

八、课外作业

（一）作业设计

(1) 把今天的两个数学魔术带回去跟其他同伴一起玩玩,并把原理说清楚。
(2) 请根据本节课的学习经历与收获写一篇数学日记,下节课和大家一起分享。
(3) 你能根据今天的学习,自己再创造出更多更好玩的数学魔术吗?

（二）作业建议

(1) 本节课比较轻松,以玩为主,教师在布置课外作业时,应尽量与生活相联系,让学生感受数学的魅力。
(2) 题目难度要适中,不宜过于复杂。
(3) 题目可以在原有的基础上加大难度,引导学生通过探究进行拓展。

九、教材推荐

推荐教材:[英]索托伊 Marcus du Sautoy 著,程玺译:《神奇的数学:牛津教授给青少年的讲座》,人民邮电出版社,2013。

推荐理由:在一系列针对青少年的数学普及讲座内容基础上汇集整理的一本数学科普书,介绍了一些数学中具有神秘色彩的知识,内容浅显易懂,语言生动活泼,很容易激发读者尤其是青少年读者了解数学的兴趣。

设计、定稿人:方雨婷

19. 有趣的七巧板（1）

一、内容简介

七巧板又称七巧图、智慧板、唐图。顾名思义,是由七块板组成的,它是一种开发智力的玩具,不仅能培养学生的观察力、想象力、形状分析能力,还可帮助学生学习基本逻辑关系和数学概念。大多数学生都玩过七巧板,它非常有趣,这七块板可以拼成许多的图形,本节课主要是运用七巧板动手来拼我们学过的图形以及观察用不同的板块可以拼成什么图形。同时为下节课的故事创作做铺垫。通过活动开拓学生思维、提高学生的动手操作能力。

二、教学目标

(1) 认识七巧板,知道七巧板是由几种不同的图形组成的。
(2) 通过七巧板拼图,体会图形的变换,发展空间观念。
(3) 充分发挥学生自己的想象力和创造力,培养与同学之间的合作意识。
(4) 通过玩七巧板,激发学习兴趣,感受数学的魅力与学习的乐趣。

三、教学重难点

教学重点:学会用七巧板拼各种各样的图形。
教学难点:了解七巧板之间的关系,创造出更多的七巧板拼图作品。

四、教学准备

多媒体课件、每人一副七巧板、记录表。

五、课时安排

2个课时——第1课时。

六、教学建议

(1) 教师开课前要带领大家回忆以前学过的图形。
(2) 在本节活动课中,由于每人都有一副七巧板,所以老师在课前要强调学具的使用,说清楚使用规则。
(3) 小组合作时老师可将主动权交给组长,组长合理分配好任务,老师可适时给予学生提示和帮助。

七、教学流程设计

(一) 视频导入

1. 介绍七巧板

出示七巧板实物,教师提问:它叫什么名字?(七巧板)
七巧板是用来做什么的?
课件播放微视频:介绍七巧板的由来。
七巧板又称七巧图、智慧板,是中国民间流传的智力玩具。可以拼成很多图形,比如数字,建筑物等等,它已经有一千多年的历史了。
早在一千多年前宋朝的黄伯思发明了它,最开始是由燕几演变而来的,原为文人的一种室内游戏,后在民间演变为拼图板玩具。

18世纪,七巧板被传到国外,引起了外国人极大的兴趣,并叫它"唐图",意思是"来自中国的拼图"。

学生认真观看视频并记录下有效信息。

2. 揭示课题

观看完视频,我们知道七巧板是来自中国的拼图,所以外国人叫它唐图。那它到底有些什么奥秘呢?今天我们就一起来探究《有趣的七巧板》。

(二)新知探究

1. 初步感知,建立表象

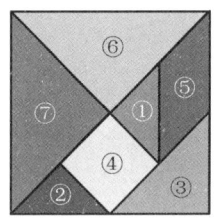

看一看:说说七巧板里有几种图形?每种图形各几个?用序号来表示。

【有3种图形,三角形5个(①、②、③、⑥、⑦),正方形1个(④),平行四边形1个(⑤)】

比一比:哪些图形是完全一样的?你是怎么知道它们是一样的呢?

【猜测①和②一样大,⑥和⑦一样大,学生通过在黑板上用重叠的方法验证是一样大的】

拼一拼:观察①号和②号三角形可以拼成什么图形?

请两位同学上台拼一拼,教师进行指导,将三角形的方向进行改变,发现①号和②号可以拼成如下几种:(课件动画演示)

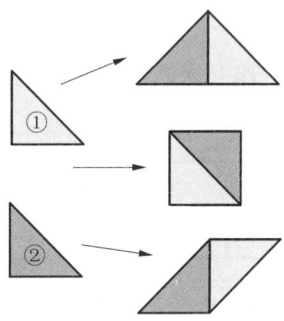

拼成图形后,教师提问:观察一下,他们各与七巧板中的几号图形一样大?

学生通过观察,用重叠的方法验证发现:拼成的三角形与③号三角板一样大;拼成的正方形与④号一样大;拼成的平行四边形与⑤号一样大。

教师引导小结:用①号和②号三角形不仅可以拼成一个大的三角形还可以拼成正方形、平行四边形,同样⑥号⑦号这两块也可以拼三角形、正方形、平行四边形。

学生上台演示拼一拼。

教师继续质疑:刚刚是运用两块来进行拼图的,那三块可以拼数学图形吗？如果我用①和②、④应该怎么拼？

学生尝试拼一拼,发现可以拼成一个和⑥号、⑦号一样大的三角形。

如果用①和②、③或者①和②、⑤,怎么拼呢？

指名两位同学到黑板前演示,老师利用课件动画演示：

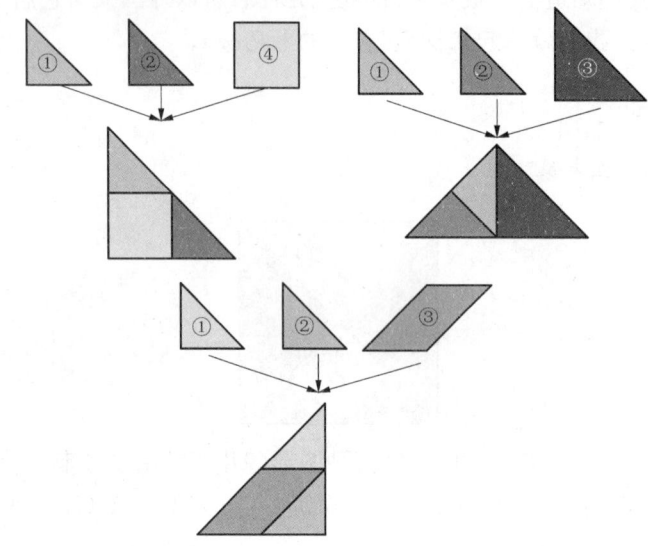

引导发现:都可以拼成与⑥、⑦号一样大的三角形。

2. 操作探究,开发潜能

(1) 自己动手用七巧板来拼一拼。

出示自主探究要求,学生明确：

运用七巧板中的图形拼出我们学过的数学图形。(一组选两块和五块图形拼,二组选三块和七块图形拼,三组选四块图形拼,四组选六块图形拼。)

(2) 小组合作,拼一拼、摆一摆。

在此基础上完成"探索日记"。组长进行分工,专人记录。

探索日记

块数	可以拼成哪些数学图形？
拼图的块数	

(3) 学生分小组汇报,教师根据学生的汇报用课件演示补充,用不同的块数拼成的数学图形(正方形、长方形、三角形、平行四边形、五边形等)。

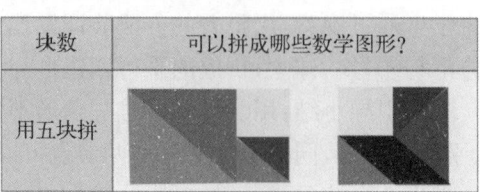

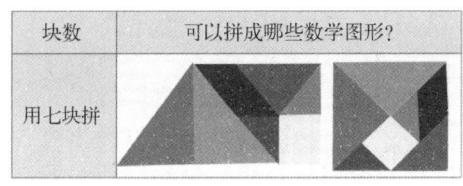
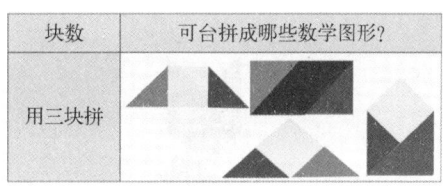

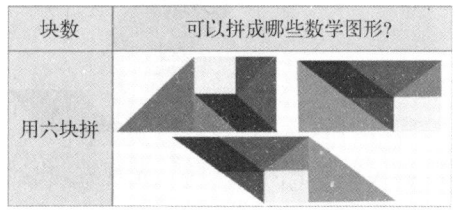

（三）动手实践，深化知识

1. 牛刀小试

我们刚刚拼出来许许多多的数学图形，那我们可以用七巧板可以拼成一些其他的图形吗？（课件出示：1994年由香港承办的第35届国际数学奥林匹克的会标——由七巧板拼成的一条乘风破浪的帆船。）

教师提问：哪位同学有信心能够将这条乘风破浪的帆船给拼出来？并说说你是怎样摆的？

学生独立思考，再指名到黑板前演示拼法。

引导小结：摆图形的时候，我们要先观察每一块的位置在哪，然后再一一对应。

2. 能力提升

拼出课件出示的图：

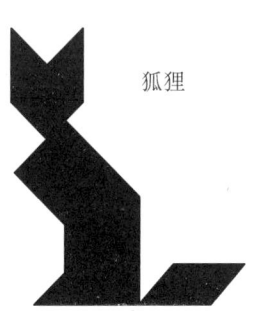

狐狸

拼图规则：

（1）在规定的时间内，四个小组比赛摆图形。

（2）每个人用一副七巧板在桌上摆图形。

（3）当老师说停的时候，所有人都不许再摆，且端正做好。

汇报：说说你是怎么拼的？

3. 学生汇报

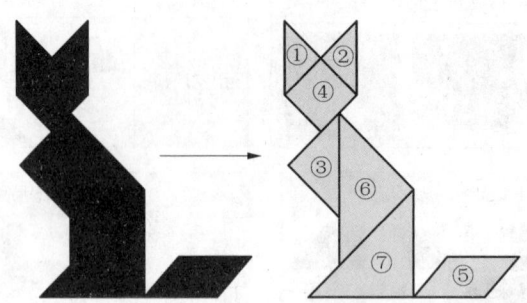

引导小结：拼图形的时候，先观察，找到图形最特殊的地方，最有特点的地方，然后再不断地尝试。

（四）课堂作业

用七巧板拼出一个生动而又形象的图案，同桌之间互相说一说自己的拼图。

（五）全课总结

同学们，这节课我们运用七巧板拼出了许多的图形，在拼图形的时候我们要注意什么呢？首先需要做什么？

学生自由回答，教师引导学生简述拼图步骤：观察事物的特点，抓住关键的图形，找出关键的特征再进行尝试

（六）板书设计

有趣的七巧板

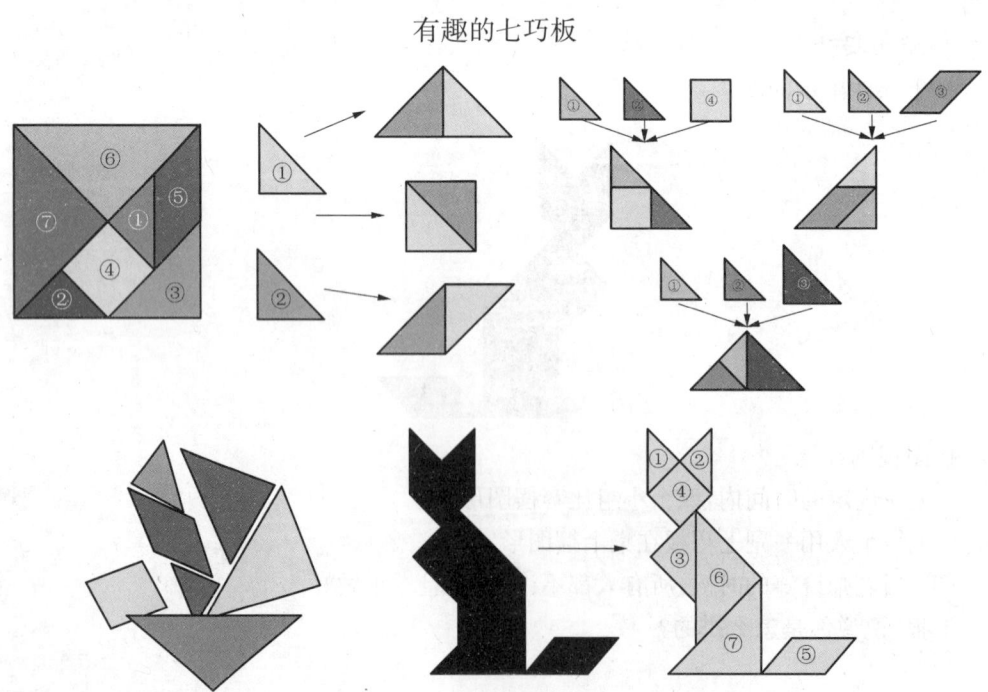

八、课外作业

（一）作业设计

（1）运用七巧板独自将10个数字拼出来。
（2）根据今天所学的知识写一篇数学日记。
（3）与家人或同学一起拼一些简单的动物图形。

（二）作业建议

（1）布置课外作业时，可以先拼几个简单的数学图形和教师规定的图形，巩固本节课的知识。
（2）观察生活当中的一些简单图形，与生活相结合，进行拼图，拓展学生的思维和加强空间观念。

九、教材推荐

推荐教材：黄长根：《创意七巧板》，江西高校出版社，2010。

推荐理由：本书中有很多由七巧板拼成的图形，同学们可按照提示将附赠的七巧板准确的摆放在每一个图案上。在可以熟练地摆放书上的图形后，同学们可发挥想象力自由拼摆，家长可以和孩子一起游戏，共同发现七巧板的无穷变化。

设计、定稿人：陈巧仁　胡燕玲

20. 火柴棒游戏（1）

一、内容简介

《火柴棒游戏》属于实践活动课。学生通过有趣的火柴棒游戏会发现，一根根火柴棒可以摆成数字，然后根据数字的特点，通过增、减或移动算式中的火柴棒还可以变成另一个数字，以此来训练学生的思维。

二、教学目标

（1）能通过火柴棒的摆放游戏，进一步掌握图形、数字的基本特点，培养动手操作能力，发展空间观念。
（2）通过火柴棒游戏与活动，发展观察、分析能力和灵活思维能力，发展团队合作能力。
（3）通过火柴棒游戏，感受数学学习的乐趣。

三、教学重难点

教学重点：能够熟练掌握用火柴棒拼成的数字以及数字之间的转化。

教学难点：发展观察、分析能力和灵活思维能力。

四、教学准备

多媒体课件、小棒（代替火柴棒）、带"日"字卡纸、表格。

五、课时安排

3个课时——第1课时。

六、教学建议

(1) 教师要尽可能将教学内容与学生的现实生活联系得更密切。

(2) 小组合作时，应明确分工，做到全员参与，快乐学习。

(3) 在探究过程中，教师要适时引导或提醒学生联系数字之间的特点进行转换，以突破难点。

(4) 让学生大胆猜想，火柴棒还可以怎样玩？注重培养学生的创新思维。

七、教学流程设计

（一）视频导入，激发兴趣

欣赏运用火柴棒制作的手工赛车视频，播放完后，教师提问：看看这个视频里用到了哪些材料？用得最多的材料是什么？（学生自由回答）

引入并板书课题：今天我们就和火柴棒交个朋友，一起玩一玩火柴棒游戏。（火柴棒游戏）

（二）动手操作，新知探究

1. 观察发现

教师播放短片（收集的红绿灯、电梯、电子表等地方的数字），学生观看，教师质疑：同学们，你们通过观看短片，发现这些数字有哪些共同点？

引导学生得出：这些数字都是在一个"日"字的基础之上变化的。

教师继续质疑：请同学们观察"0"是用几根火柴棒摆出的？"1"是用几根火柴棒摆出的？其他数字分别是用几根火柴棒摆出的？

学生独立思考、想象、猜想。

2. 小组合作

(1) 数字摆、摆、摆。

学生拿出小棒（代替火柴棒），以小组为单位，按顺序摆出0-9这十个数字，在动手摆之前，教师提出要求：

① 组长分工，全员参与；

② 柴棒不能折叠，不能弯曲摆出0-9这十个数字；

③ 好之后，在座位上坐端正，等待老师检查。

学生分组操作,教师巡视,并随机每个组挑选一名同学在黑板上摆出两个数字(教师在黑板上贴上带"日"字的卡纸)。

(2) 数字变、变、变。

① 教师分发表格(每人一张),引导学生明确:增加一根火柴棒是什么意思呢?如0增加一根火柴棒可以变成8。哪些数字增加一根火柴棒可以变成另一个数字?

指名学生说一说减一根火柴棒是什么意思?移动一根火柴棒呢?

变	0	1	2	3	4	5	6	7	8	9
加一根火柴棒	8									
减一根火柴棒								1		
移动一根火柴棒	9									

② 合作要求

a. 组长分配任务,保证每个成员都能积极参与;

b. 组员听从安排,完成表格;

c. 最后小组交流,每组派一名代表汇报并演示。

分组合作,教师巡视、指导,适时评价和加减分。

学生完成后,分组展示每组的表格。

教师引导全班叙述一起订正答案。

(三) 巩固练习

在下面用火柴摆成的自然数"1995"中,任意移动一根火柴而得到的所有四位数中,最大的数和最小的数分别是几?

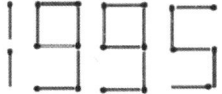

学生独立思考,尝试摆一摆;

再组内交流,统一意见;

指名汇报,教师引导评价,适时板书:最大数:7955　最小数:1095。

(四) 回顾总结

教师提问:这节课我们用火柴棒做了很多游戏,你们有什么收获?

学生自由回答,教师引导、评价。

教师小结:今天学习了火柴棒游戏,知道了用火柴棒摆数字后,可以通过增减和移动火柴棒将数字进行转换。下课后可以和同学玩一玩,下节课我们继续。

（五）板书设计

火柴棒游戏

最大数：7955　最小数：1095

八、课外作业

（一）作业设计

（1）8008 移动两根火柴,最大数是多少？

（2）用火柴棒模拟数码管显示屏,下面是用火柴棒摆成的自然数"6008"中,任意移动两根火柴棒得到最大的自然数和最小的自然数分别是几？（注：两根火柴棒才可组成一个"1"）

（3）找一找,火柴棒游戏还有哪些？

（二）作业建议

（1）课后让学生同桌之间多动手去摆一摆。

（2）互相抽一抽,一个数字增加、减少、移动一根火柴棒会变成哪些数字？

（3）培养学生的创造力,让学生自己去探索。

九、教材推荐

推荐教材：于雷：《让孩子爱上数学的火柴游戏》,清华大学出版社,2016。

推荐理由：这本书汇集了数百个有趣而又健脑的火柴棒游戏,移动一根火柴棒可以变出新的图形,移动一根火柴棒可以让等式成立,让学生体会到移动火柴棒魅力的同时,开发学生的思维能力。

设计、定稿人：顾远芳　湛　聪

21．我是魔术师

一、内容简介

本节课主要是带学生玩两个数学魔术：猜心中数和色子的秘密。在玩和探究魔术秘密的过程中一方面让学生巩固已学的运算定律,另一方面通过魔术让学生感受数学的趣味性。

二、教学目标

（1）了解魔术与数学之间的联系,拓展数学知识面。

(2) 通过玩魔术,探究魔术的奥秘,培养和提高观察、分析、推理的能力。

(3) 了解生活中的扑克牌魔术很多都是数学的一种表现形式,感受数学的内在美,体会到数学学习的乐趣。

三、教学重难点

教学重点:懂得每个魔术中隐含的数学知识。

教学难点:通过已知,举一反三,推断未知。

四、教学准备

色子、扑克牌、多媒体课件。

五、课时安排

1个课时。

六、教学建议

(1) 学生在数学魔术课上会特别活跃。教师应提前策划好,有序把控课堂,重点注意课堂纪律。

(2) 教师在课前把两个魔术的原理要理解清楚,玩熟练,在学生玩的过程中引导学生自主发现其中的原理。

(3) 在玩魔术的过程中注意引导学生结合所学知识进行理解。

七、教学流程设计

(一) 谈话导入

教师边板书课题(我是魔术师)边谈话引入:学生们,今天老师想给你们来点不一样的,那是什么呢?看到标题,你们觉得老师今天会给你们带来什么?

在学生回答后,教师展示课件,接着说:我们来看第一个魔术:猜心中数。

(二) 魔术1:猜心中数

教师示范表演魔术:

① 请学生在纸上写下一个心中数,再引导学生将这个心中数乘2,加9,再加上心中数,接着除以3,最后减去3,得到一个结果。

② 在学生算完之后,报答案,教师猜学生心中数。

③ 多指名学生汇报、验证(结果就是学生所写下的心中数)。

教师质疑:有谁发现了这个魔术的奥秘?为什么我们计算了这么多,最后的结果还是和原来的数一样呢?

教师课件展示魔术的计算过程,并提问:请学生们再想一个数,然后根据这个步骤计算一次,看看是否还是等于心中数。

(心中数×2＋9＋心中数)÷3－3＝心中数

在学生验证后,请学生思考:为什么无论选择什么数,通过一系列的计算还是等于原数。

在学生思考的过程中,教师可提示学生把心中数用一个符号表示,同时运用加法和乘法的运算定律来计算推理。

学生展示答案的过程中,教师进行引导,并板书:

$$(a×2＋9＋a)÷3－3$$
$$=(a×2＋a×1＋9)÷3－3$$
$$=(a×3＋9)÷3－3$$
$$=a×3÷3＋9÷3－3$$
$$=a＋3－3$$
$$=a$$

教师引导学生思考:通过刚才的探究,你们发现了什么?

在学生充分发言后,教师小结:原来我们学习的运算定律还可以通过变化做成小魔术来玩。同学们,只要开动脑筋,认真思考你也可以设计出新的魔术。今天的第一个小魔术我们玩到这里,学生们可以把这个魔术放到课后给你的朋友或家长玩一玩,现在我们来一起看看第二个魔术是什么。

(三) 魔术2:色子的秘密

1. 三颗色子魔术

教师课件展示魔术2:色子的秘密,并提问:看到这个题目你有什么疑问呢?

学生可能会回答:① 什么是色子? ② 色子的秘密是什么? ③ 色子的秘密和魔术有什么关系?

教师引导:看来同学们有很多的问题,那现在我们一起来玩一玩这个魔术,看看色子到底有什么样的秘密。

教师示范表演魔术2:

① 出示三个色子并请一位学生当小助手,把桌子上的三个色子叠起来,告诉教师叠起来的色子朝上的一面的点数。

② 教师预言其他未露的五个面的点数之和,并把预言的数写在纸上交给学生保管。

③ 教师请该学生与台下的学生一起将未露的五个面上的点数报出来,教师将点数写在黑板上,台上学生与台下学生将和算出来。

④ 教师请保管预言的学生把结果展示出来,教师预言的数与学生所计算出来的和一致。

2. 六颗色子魔术

教师升级难度,出示六颗色子,同时问道:还有小朋友想上来当小助手,挑战老师吗?

请一位学生来当小助手,让学生将六个色子叠起来,并告诉教师最上面一面的点数,教师预言其他未露的11个面的点数。

教师请该学生与台下的学生一起将未露的11个面的点数报出来,教师将点数写在黑板上,台下学生与台上学生一起将和算出来。教师预言的数与学生计算的和一致。

3. 探究魔术奥秘

教师引导学生思考:为什么我会猜到呢?这里面会不会有什么秘密呢?

学生仔细观察色子,独立思考色子有哪些特点?

学生在小组内交流意见,说说自己的发现。

教师小组巡视,引导学生思考色子的六个面之间数字的关系。

指名学生汇报,教师引导总结:色子对应两个面之和为7,色子叠起来,垂直面上的点数和为7的倍数,只需知道一个面的点数就可计算出其他未露面的和。

教师启发:谁能根据发现,写一个等式表达出来?

学生独立思考,在练习本上写一写,尝试用等式表达。

教师引导思考,并得出结论:

预言数＝色子个数×7－最上面的点数

(四) 全课总结

教师提问:同学们,今天的课你们觉得有趣吗?通过今天的学习,你收获了什么?

学生自由回答,教师引导学生回顾本课所学。

结束语:其实今天我们今天学的两个魔术都是数学魔术,是利用事物本身存在的数学规律,来做有趣的数学魔术。希望同学们以后能够发现更多有趣的数学知识并将这些运用起来做出更多有趣的事。

(五) 板书设计

猜心中数:

$(a×2+9+a)÷3－3$
$=(a×2+a×1+9)÷3－3$
$=(a×3+9)÷3－3$
$=a×3÷3+9÷3－3$
$=a+3－3$
$=a$

我是魔术师

色子的秘密:

3个色子叠起来:
$X+X+X+X+X+X=21$
6个色子叠起来:
$X+X+X+X+X+X+X+X+X+X+X+X=42$
预言数＝色子个数×7－最上面的点数

八、课外作业

(一) 作业设计

(1) 把今天的两个数学魔术带回去跟朋友们一起玩玩,并把算理说清楚。

(2) 通过这节课的学习,你收获了什么?请写在本子上和大家一起分享。

(3) 你能根据今天的学习,自己设计一个数学魔术吗?

（二）作业建议

（1）本节课比较轻松，以玩为主，教师在布置课外作业时，应尽量与生活相联系，让学生感受数学的魅力。

（2）题目难度要适中，不宜过于复杂。

（3）题目可以在原有的基础上加大难度，引导学生通过探究进行拓展。

九、教材推荐

推荐教材：[美]罗纳德 J. 古尔德著，庄静译：《让你爱上数学的 50 个游戏》，机械工业出版社，2015。

推荐理由：本书介绍了 50 个魔术游戏，每个人都可以学会，书中还附有说明以及自己动手创作的一些方法。这是一本既能锻炼数学逻辑思维又可以玩的书。

设计、定稿人：湛　聪　朱秀雯

22. 我是预言家

一、内容简介

在《我是预言家》一课的学习中，教师主要引导学生利用数与数的关系来感受和探索数学的奥秘。在常规学习中，这一类问题的探索比较少涉及，所以我们对这类问题做了初步研究并创设了《我是预言家》这一课题，从而完善学生对这类知识的学习，进一步了解数学，提高学生的逻辑思维能力。

二、教学目标

（1）在认真观察和实际操作中，学生自己感受理解数与数之间的关系。

（2）在自主探索与小组合作的过程中，培养探究精神和合作交流意识。

（3）在情感态度与价值观方面，提高逻辑思维能力，善于去发现数学的奥秘，增强对数学的兴趣。

三、教学重难点

教学重点：理解数与数之间的关系。

教学难点：会利用它们之间的关系制作出神奇的"预言表格"。

四、教学准备

多媒体课件、附有"预言表格"的卡纸一张。

五、课时安排

1 个课时。

六、教学建议

(1) 因本堂课是一堂活动课,课堂气氛会很活跃,教师要适时控场。
(2) 在魔术开始前,教师需要把规则讲清楚,有利于游戏的后续进行。
(3) 探究发现规律时,教师要善于引导并鼓励学生积极思考。

七、教学流程设计

(一) 谈话导入

(1) 教师谈话:今天给大家带来一个魔术,叫"我是预言家",老师现在有一个预言,但我需要一张纸和一支笔,谁愿意提供给我?

学生提供之后,教师引导:笔和纸都是你们提供的,现在我就要用这支笔在这张纸上写下我的预言。我现在要挑选一位坐姿最端正的小朋友来帮我保管这个预言。

教师引导:好,就你了,现在你帮我保管我这个预言,你得答应我,没有我的允许你不能打开它而且也不能给别人看。

(2) 教师引导:同学们,我这个预言可神奇了,那到底神奇在哪儿? 咱们待会儿揭晓。老师这里还有一个神奇的道具:"预言表格"(出示魔术要用的道具)。

12	15	18	20	21
13	16	19	21	22
15	18	21	23	24
16	19	22	24	25
18	21	24	26	27

教师引导:现在请每小组派一名代表上来当老师的小助手,帮助老师一起完成这个预言魔术。请你们四位同学先站在这边,请下面的同学将老师给你们的任务卡齐读一遍。

① 请台上每位同学按照选数规则选出五个数。
② 选数规则:每一行每一列只能选择一个数。
③ 请台下的同学将本组代表所选的五个数的和算出并写下来。

注意:整个过程保持安静,如果有小组成员违反规则,将不予加分。

教师提问:任务卡上第一条与第三条以及注意事项,我想大家都能理解,那第二条,选数规则,有谁知道是什么意思? (若有人知道则请该同学回答,若没有,则老师解释)

教师强调魔术进行的规则:现在请每个组的代表按要求选五个数,将你选择的数在小表格里用粉笔圈出来。在台上同学选数时下面的同学可要仔细地看了,注意看他们有没有按照要求选数。如果没有按照要求来,老师就不予加分。

教师做出引导:选好了,现在请你们下去,请下面的同学开始计算本组代表所选的五个数之和,算出来了,检验一下,然后派一位代表举手告诉老师你们的结果。

教师提问:你们所选的五个数的和是?

学生回答后,教师要求:现在请刚刚那位帮我保管预言的同学大声地将我的预言读出来。(预言正确)

教师继续提问:我的预言对吗?那我是怎么做到的,有谁知道?

(二)探究新知

(1)教师提问:你们观察一下表格里的数,看看能发现什么?

学生回答,引导学生积极思考,发现规律。

教师补充说明:对,表格里的数确实有规律,现在老师将这个预言表格被裁去的那部分补充上来,补充部分表格里的数,我们叫作原始数。你们按着刚才"有规律"的这个思路继续找一找,看看又有什么发现。

+	7	10	13	15	16
5	12	15	18	20	21
6	13	16	19	21	22
8	15	18	21	23	24
9	16	19	22	24	25
11	18	21	24	26	27

教师引导:你们可以发现,第一个数是第一行的第一个数和第一列第一个数的和,那第二个数是第一列的第一个数和第一行第二个数的和,那依着这个思路,你们算算其他数,是不是也是这样得来的。

教师提问:现在看看你们又发现了什么?

学生回答,引导学生得出表格里的每一个数都等于某两个原始数的和。

教师继续引导:那就是说表格里每一个数都是由这十个原始数得来的。那你们现在再看看这四个同学按照选数要求所选的数,你们又有什么发现?

学生观察发现,指名回答,教师引导:按照选数要求所选的每一个数都是某两个原始数的和。所以所选的五个数是十个原始数的和。那如果不按选数规则选择,它的和还会等于100吗?

(2)教师提问:因此如果想要成功预言到观众所选数的和,关键是什么?

学生回答,引导学生得出:要事先知道原始数的和。

教师补充:综合上面的描述,现在我们试着来一起总结一下这个神奇的"预言表格"的规律:每个数都是某两个原始数的和,十个原始数相加的和与表格中某五个数相加的和相同,但某五个数的选择标准是每行每列只能选一个数。

全班学生齐读一遍刚才总结的规律。

（三）巩固拓展

（1）教师引导：刚刚老师已经告诉了你们老师这个神奇"预言表格"的规律，现在给你们一个机会当一回预言家，我们一起来制作一个"预言表格"，那在做表格之前我们首先应该做什么？

学生回答，老师最后总结：

① 准备十个原始数。将它们按照自己喜欢的顺序填进原始数的行列中，我们制作的是加法的预言表格，所以这里是加号。

② 然后算出每行每列中的数，将原始数行列裁掉。我们的预言表格就做好了。

（2）教师出示五组原始数① 3、5；② 6、4；③ 8、10；④ 13、15；⑤ 21、30。

并将带有"预言表格"的卡纸分发给四个小组。

学生进行小组合作，制作预言表格。

小组合作要求：

① 由小组内任意一组员手握预言数，其他组员一起填写"预言表格"。

② 小组合作过程中每个同学要积极参与，积极思考。

各小组派代表汇报，教师质疑：现在我们来检测一下制作的预言表格到底是否成功。该如何检测呢？

引导学生明确：按选数原则选择五个数，相加的和如果与原始数和相同则制作成功。

学生集体或独立检测：相加的和如果与原始数和相同，那就表示"预言表格"制作成功了。

（四）课堂作业

老师的太奶奶马上就要过90大寿了，我想请同学们帮我制作一个神奇的"预言表格"当作她生日时的礼物，使按要求所选的五个数的和必须等于90，老师将挑选做得最精美的同学做的"预言表格"作为礼物之一送给我的太奶奶。

学生分组合作完成，教师巡视、指导、评价。

（五）全课总结

教师质疑：同学们，今天我们学习了一个数学魔术，这个魔术需要制作神奇的"预言表格"，那制作预言表格的规律是什么？

学生自由回答，教师引导学生明确：使表格中每个数都是某两个原始数的和，十个原始数的和相加与表格中某五个数相加的和相同，但某五个数的选数规则是，每一行每一列只能选一个数。

结束语：同学们，现在你们知道了这个预言魔术的关键也就是神奇的预言表格的制作秘诀，也许你觉得它不再神奇了，那回头表演给你的小伙伴看，老师相信，你们的小伙伴，一定会觉得特别神奇。

（六）板书设计

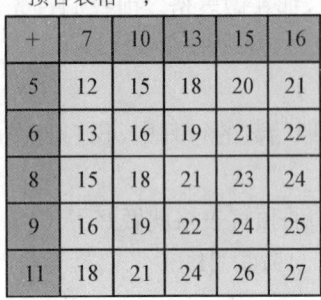

"预言表格"：

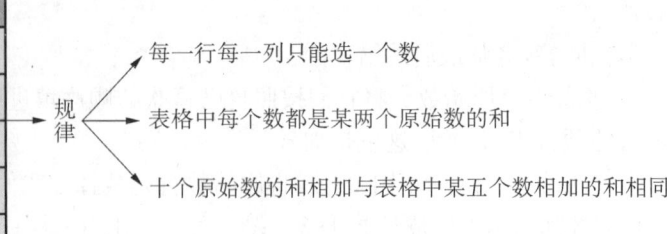

我是预言家

规律
- 每一行每一列只能选一个数
- 表格中每个数都是某两个原始数的和
- 十个原始数的和相加与表格中某五个数相加的和相同

八、课外作业

（一）作业设计

（1）黎美同学在用沙子画了一个表格,她说每个数都是某两个原始数的和,十个原始数的和相加与表格中某五个数相加的和相同,但某五个数的选数规则是,每一行每一列只能选一个数。你知道怎么填写这个表格吗？

+	5	8	10	13	16
1					
6					
9					
17					
20					

（2）李老师想做一个加法"预言表格",她手里有五组原始数,分别是：1、6;3、8;9、21;5、10;11、15。同学们能帮李老师做出这个"预言表格"吗？

（3）邓老师想知道李铭同学本堂课有没有学扎实,于是拿出一个表格,这个表格的游戏规则如下：① 选出你喜欢的3个数。② 每一行每一列只能选择一个数。③ 算出所选的3个数的乘积。

同学们,看看你们又能发现什么。

×	1	5	10
2	2	10	20
3	3	15	30
6	6	30	60

（二）作业建议

(1) 教师在布置作业时应与学生实际生活想联系,学生更容易接受。
(2) 作业的难易程度要适中,不宜太过复杂。
(3) 课后可鼓励学生继续探究乘法的"预言表格"。

九、教材推荐

推荐教材:[法]多米尼克.苏戴著,应远马译:《数学魔术——84个神奇的数学小魔术》,上海科学技术文献出版社,2010。

推荐理由:本书介绍了80多个魔术戏法,十分容易上手,书中还附有说明以及自己动手创作的一些方法。这是一本既能锻炼数学逻辑思维又可以玩的书。

设计、定稿人:湛　聪　邓紫琴

四、思维趣题

思维趣题
拓展资源

23. 巧画正方形

一、内容简介

《巧画正方形》这节课是安排在《巧数图形》后面上的,学生可以通过复习之前《巧数图形》的内容,从而引出《巧画正方形》。目的是让学生通过自主动手操作,探究出如何用若干个相同大小的正方形画出最多的正方形。学生通过此课的学习能够锻炼自己的动手能力、自主探究能力以及思维创造能力等。

二、教学目标

(1) 学生通过自己动手操作,知道如何用若干相同大小的正方形画出最多的正方形。
(2) 培养自己动手操作,探究事物和自主思考的能力。
(3) 学生通过摆放卡纸探究结果的过程,体会数学的美感。

三、教学重难点

教学重点:培养学生动手操作和思维能力。
教学难点:理解用若干相同大小的正方形画出最多的正方形的技巧。

四、教学准备

学生准备:田字本,水彩笔。
老师准备:2×2.3×3.4×4 的正方形卡纸,不同颜色的小正张卡纸数张,多媒体课件等。

五、课时安排

1个课时。

六、教学建议

(1) 教师要注意引导将《巧数图形》中与《巧画正方形》中相关联的部分好好复习,使学生将这两个知识相互联系起来。
(2) 由于这是一堂动手操作课,所以课堂组织中应变能力要强,课堂纪律要把握好。
(3) 教师应该要带领学生充分理解如何用若干大小相同的正方形画出最多正方形的方法过程,激发学生学习兴趣,提高学生动手创造以及探究的能力。

七、教学流程设计

(一) 复习导入

(1) 教师提问:在上个学期我们学习过巧数图形,大家还记不记得吗? 老师考考你(课件出示):

在 2×2 的正方形中,一共可以数出多少个正方形?

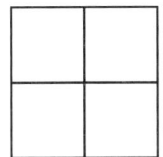

学生独立思考,尝试数一数。

教师引导:数完了的同学想一想,你是怎么数的。

指名汇报,并引导学生得出:先数边长为 1 的正方形 4 个(板书边长为 1 的正方形:4 个),再数边长为 2 的正方形 1 个(板书边长为 2 的正方形:1 个),一共 5 个正方形。

(2) 继续提问:在 3×3 的正方形中,一共可以数出多少正方形?

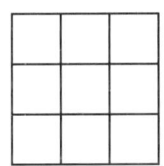

学生独立思考完成。

指名汇报,并引导学生得出:先数边长为 1 的正方形 9 个(板书边长为 1 的正方形:9 个),再数边长为 2 的正方形 4 个(板书边长为 2 的正方形:4 个),再数边长为 3 的正方形 1 个(板书边长为 3 的正方形:1 个),一共 14 个。

(二) 新知探究

1. 提出问题

教师质疑:说说数正方形的过程你们有什么发现? 我们为什么可以数出这么多正方形?

学生回答以后,教师继续引导:我们先数边长为 1 的正方形,再数边长为 2 的正方形。我们发现边长为 1 的正方形和边长为 2 的正方形有一部分是重叠的。今天我们讲的就与之相关。

2. 初步探究

(1) 认识方格纸,学会任意画正方形。

教师出示方格纸,说明:如果我们把每个小方格的边长定为 1,我们可以用这张方格纸画出什么样的正方形?

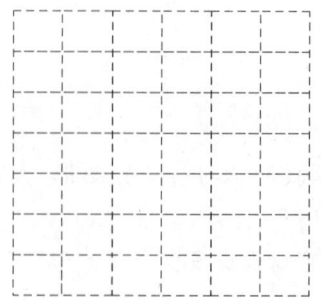

学生思考会回答,教师根据学生的回答课件演示:边长为1的正方形、边长为2的正方形、边长为3的正方形……

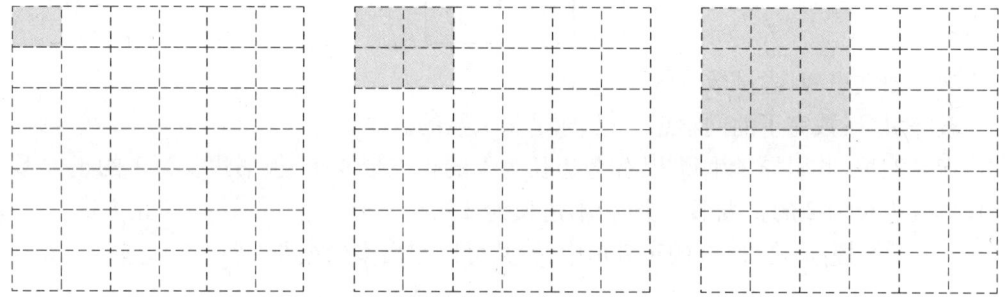

教师小结:根据需要我们可以在方格纸上画出许多不同边长的正方形。

(2) 探究用两个正方形画正方形。

抛出问题:用两个相同大小的正方形最多可以画出多少个正方形?

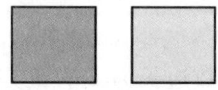

老师边课件出示边提出画出最多正方形的要求:

① 用2个相同大小的正方形,画出最多的正方形。

② 用不同颜色区分不同正方形。

③ 先独立画一画,再小组内交流。

学生先独立思考,再动手在方格纸上画一画。

指名学生汇报,说出自己的答案。

教师引导学生得出:将两个正方形重叠一部分,得到一个小正方形。

(3) 教师质疑:怎样重叠才能得到一个新的正方形?

引导明确:要画出最多的正方形就要尽可能多的重叠正方形,但不能完全重叠的概念。

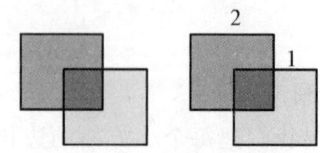

3. 进一步探究

教师边课件展示边质疑:用 3 个相同大小的正方形最多可以画出多少个正方形?

课件出示,指名阅读,明确探究要求:

① 用 3 个相同大小的正方形,画出最多的正方形。
② 用不同颜色区分不同的正方形。
③ 组内交流,每组派一名代表上黑板展示答案。

请小组代表上台展示答案。

教师与学生一起讨论探究小组答案的正误。

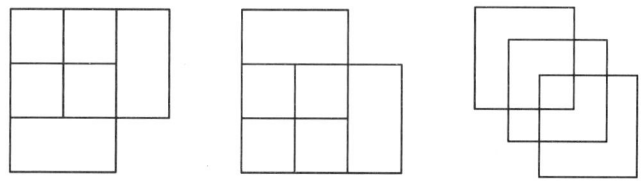

教师引导学生对比不同答案并思考:怎样画,才能画出尽可能多的正方形?

引导小结出画出最多正方形的方法:要使三个正方形尽可能多的重叠而且不能完全重叠,要是完全重叠了就只有 1 个正方形了,所以这个重叠的部分必须是正方形。

4. 深入探究

教师边提问边课件出示:

用 4 个大小相同的正方形最多可以画出几个正方形?

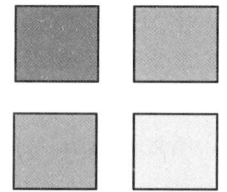

学生独立思考,尝试在方格纸上画一画。

指名上台板演汇报:将 4 个相同的正方形按刚刚的方式重叠摆放,一共可以数出 16 个正方形。

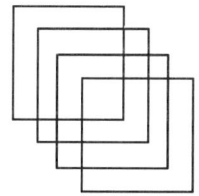

教师引导其余学生观察,再进行集体订正,进一步深化画出最多正方形的方法。

教师质疑:怎样画,才能保证画出的正方形个数是最多的?

引导学生总结出:正方形要尽可能多的重叠在一起,而且重叠的部分必须是正方形。

(三)课堂作业

课件出示作业:画5个相同大小的正方形最多可以数出多少个正方形?

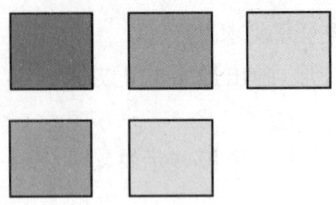

学生独立思考,尝试完成,教师巡视、指导。
指名汇报,集体订正。

(四)全课总结

教师提问:这节课上我们学习了什么?
学生可能回答:我们学习了画几个相同大小的正方形,可以数出最多的正方形的方法。
教师总结:在这节课上,我们学习了画若干个相同大小的正方形却可以数出最多的正方形的方法,其方法是使正方形尽可能多的重叠在一起,而且重叠的部分必须是正方形。

(五)板书设计

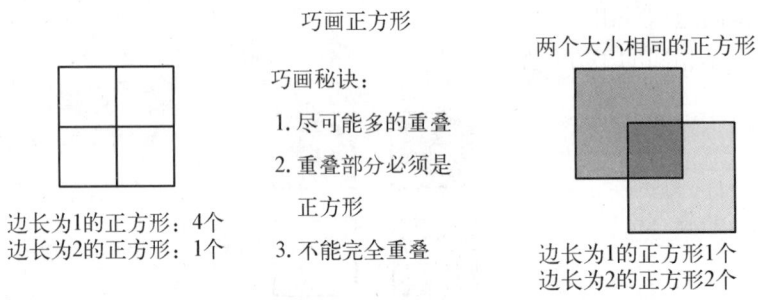

八、课外作业

(一)作业设计

(1)画6个相同大小的正方形最多可以数出多少个正方形?请在作业本上画出来。
(2)你可以用三个正方形画出一个米老鼠的头吗?试着画一画?
(3)可以数出46个正方形,则最少需要画多少个相同大小的正方形?

(二)作业建议

(1)本节课主要是为了锻炼学生动手能力,课中让学生尝试了用三个、四个相同的正方形画出最多的正方形,所以作业设计可以在课堂教学的基础上提升一点难度,但不要提升太多。

(2) 作业设计的形式可以多样化,可以设计一些贴近学生生活的趣题与画正方形相结合,让学生更感兴趣。

(3) 要求学生一定要动手画,画在作业本上,下节课交上来。交上来时可以多展示几个学生的作业作品,起到检查回顾的作用。

九、教材推荐

教材推荐:蒋顺,李济元:《举一反三(二年级6版)》,陕西新华出版社传媒集团陕西人民教育出版社,2012。

推荐理由:《举一反三》每个年级的书都有三个版本,分别是A、B、C版。A版是同步讲解,讲练结合,以初学入门,提升过渡到奥数思维。B版同步A版的练习,复习周一到周五新知识,起巩固提高作用,分基础和提高两部分。C版同步达标测试卷。衡量学习水平,查漏补缺。其中的《数数图形》教会学生如何不重复不遗漏地有序将图形数完整。

设计、定稿人:李小芳　吕　晖　张娟文

24. 巧用借"1"法

一、内容简介

借"1"法也就是先借后还的方法,要有借有还才符合生活的常理,培养学生的诚信意识。借"1"法能帮助我们分析和解决一些生活中的数学问题。同时也能开放学生的思维,摆脱固定的常规思维方式,发散学生对事情和对数学的认知,提高对数学的学习兴趣。

二、教学目标

(1) 在数学阅读中、在日常生活中去体会"假设"或"虚设"等数学思想与数学方法。

(2) 通过课堂探究活动,体会用借"1"法解决生活中的实际问题,拓展发散思维和求异思维。

(3) 通过巧妙借用"1"来解决实际问题,感受数学思想方法的巧妙与神奇,激发热爱数学的积极情感。

三、教学重难点

教学重点:能用借"1"法解决问题。
教学难点:理解巧用借"1"法的算理。

四、教学准备

多媒体课件、积木、卡纸。

五、课时安排

1个课时。

六、教学建议

(1) 教师在创设情景时,要注意趣味性,激发学生对数学问题的探究兴趣。
(2) 教师在板书过程时,可以用不同颜色的粉笔书写,使过程更加清晰。
(3) 学生在小组合作时,教师要进行观察并适时指导与评价。

七、教学流程设计

(一) 情景导入

(1) 教师边课件出示(配乐《春游歌》)边谈话引入:同学们,你们去过郊外春游吗?

教师边课件演示边创设情境:同学们都跟学校组织去过春游。今天王老师也组织他们班的27位同学去春游。王老师到附近的商店去买水,王老师原计划买27瓶水,可当他看到商店有这样一个促销活动"3个空瓶换1瓶水"后,只买了18瓶水。

(2) 同学们先独立思考,怎样才能使27位学生每人都能喝到1瓶水呢?

教师邀请一位学生上台,和教师一起演示。

教师解释游戏规则:老师今天带来了一些积木,我们就把积木当作瓶子,1个积木代表1瓶水。老师扮演商店老板,学生扮演王老师。

教师引导:在交换到最后只剩下2个瓶子时,还差1个空瓶就又能换到1瓶水了。

学生思考:怎样才能再换到1瓶水?

学生可能得出:可以向店家借1个空瓶,换回1瓶水喝完后,还给店家1个空瓶。

教师适时引导并强调:有借有还,再借不难。借了别人的东西一定要记得归还。
(3) 回顾刚才演示的过程,并适时板书:

$$① 18÷3=6(瓶)$$
$$② 6÷3=2(瓶)$$

借"1" ③ (2+1)÷3=1(瓶)
　　　④ 18+6+2+1=27(瓶)

教师边课件模拟演示边引导学生表述买换水的过程:

① 18个空瓶换回6瓶汽水,18÷3=6(瓶)。
② 6个空瓶换回2瓶汽水,6÷3=2(瓶)。
③ 另2名同学喝完2瓶汽水后,向店主借1个空瓶;用3个空瓶换回1瓶汽水,(2+1)÷3=1(瓶);喝完后还给店主一个空瓶。
④ 一共有18+6+2+1=27(瓶)。

(二) 巩固训练

教师继续引导:如果老师也到这个商店去买水,老师买了24瓶水,你们能计算出老师最多能喝到多少瓶水吗?

学生独立思考,尝试完成。有困难的学生可以同桌交流,合作完成。

指名学生板演汇报,说说自己解答的过程。教师适时引导,完善板书。

$$六、24÷3=8(瓶)$$
$$七、8÷3=2(瓶)……2(瓶)$$
$$八、4÷3=1(瓶)……1(瓶)$$

借"1"　④ (2+1)÷3=1(瓶)
　　　⑤ 24+8+2+1+1=36(瓶)

(三) 拓展训练

(1) 教师继续利用商店促销活动引出问题:小明也到这个店里买东西,但他买的是可乐。他买了24瓶可乐,那根据商店的促销条件,每5个空可乐瓶可以换1瓶可乐,小明最多能喝到多少瓶可乐呢?

(2) 小组合作要求：

① 保持纪律，只讨论与题目相关的问题。

② 统一结果，得出本小组统一答案。

③ 小组展示，需要体现思路及过程。

学生分组合作，将答案写到卡纸上。

(3) 各组分派代表展示，教师引导逐一分析完整表述：

先用 20 个瓶子换回 4 瓶可乐，这时还剩下 8 个瓶子。再用其中 5 个瓶子换回 1 瓶可乐，这时还剩下 4 个瓶子。找老板借 1 个瓶子，再换回 1 瓶可乐，喝完后还给老板。

① $24 \div 5 = 4$(瓶)……4(瓶)

② $8 \div 5 = 1$(瓶)……3(瓶)

借"1"③ $(4+1) \div 5 = 1$(瓶)

④ $24 + 4 + 1 + 1 = 30$(瓶)

（四）回顾总结

教师提问：同学们，回顾我们刚才解决的三个问题，它们有什么共同点？

学生自由回答，教师引导：这里面有我们的一位神秘嘉宾，正因为它的存在，我们才解决了这三个问题。它是谁呢？

学生自由回答后，教师引出课题：对，它就是"1"，这就是我们今天学习的巧用借"1"法。（板书课题：巧用借"1"法）

（五）课堂作业

(1) 教师引入：老师知道大家都喜欢听故事，所以老师准备了一个故事，大家一定要仔细听哦！

视频播放故事：有一个古老的故事在新疆流传。从前，有个牧民辛苦放牧一生，全部财产有 17 匹马。临终前，他把三个儿子叫到身边，要把马分给三个儿子。他说："大儿子分二分之一，二儿子分三分之一，小儿子分九分之一。但是，不许把马杀死或者卖掉。"三个儿子没办法分，这时来了一位智者为他们分好了马。你们能猜出智者是怎么分的吗？动动脑筋想一想！

指名学生回答听到的关键信息：谁听清楚了故事中有哪些关键信息呀？举手告诉我。

教师适时板书：牧民只有 17 匹马，大儿子分 $\frac{1}{2}$，二儿子分 $\frac{1}{3}$，小儿子分 $\frac{1}{9}$，条件：不许把马杀死或者卖掉。

学生独立思考或小组交流，尝试完成。

学生完成后，教师微课展示，验证结果。

(2) 文具店促销，小明有 5 元钱可以买 10 个本子，3 个整洁的旧本子可以换一个新本子，问小明一共可以买到多少个本子？

学生独立完成，集体订正。

（六）板书设计

巧用借"1"法

① 18÷3=6（瓶）
② 6÷3=2（瓶）
借"1" ③ （2+1）÷3=1（瓶）
④ 18+6+2+1=27（瓶）

① 24÷3=8（瓶）
② 8÷3=2（瓶）……2（瓶）
③ 4÷3=1（瓶）……1（瓶）
借"1" ④ （2+1）÷3=1（瓶）
⑤ 24+8+2+1+1=36（瓶）

八、课外作业

（一）作业设计

（1）书店促销，李老师有 60 块钱，可以买 8 本书，看完 3 本旧书可以换 1 本新书。问李老师有 60 块钱最多可以看多少本书？

（2）水果店苹果做活动一个苹果 4 元，买 4 送 1，小红有 48 元需要买 15 个苹果。问小红手里的钱够买 15 个苹果吗？

（3）牧民有 11 只羊，大儿子分 $\frac{1}{2}$，二儿子分 $\frac{1}{3}$，小儿子分 $\frac{1}{4}$，可以怎样分？（要求：不许把羊杀死或者卖掉）

（二）作业建议

（1）课外作业布置要贴合生活实际。
（2）题目形式不要太过单一，可以从多方面着手。
（3）题目设计要有坡度，先易后难，但整体的难度要适中。

九、教材推荐

推荐教材：马兴斌：《数学大世界》，北方妇女儿童出版社，2013。

推荐理由：在本书的"学法一点通"的章节对《借来还去法》这一内容，做了具体的专题解析。同时，对该知识点的来源发展有详细的介绍。如果在学习本课之前阅读本章节内容，学习这一课会更加轻松。

设计、定稿人：方　恩　王　洁　李小芳

25. 巧填俄罗斯方块

一、内容简介

很多趣味游戏里都有数学的影子，因为数学本身就是很有逻辑性和趣味性的，例如，曾经风靡全球的俄罗斯方块游戏，蕴含着旋转、平移的知识。这节课通过情境体验、教具演示和合作探究等,引导学生探索发现俄罗斯方块游戏蕴含的数学奥秘,感知图形与空间的关系,发展学生空间观念。

二、教学目标

(1) 通过教具的直观展示,进一步理解旋转和平移,感知物体的形状和结构的特征,探索并初步掌握俄罗斯方块游戏中的数学奥秘。

(2) 通过体验与探究,感知图形与空间的关系,发展空间观念。

(3) 通过游戏体验和小组合作,培养遵守规则的意识,渗透优化意识。

(4) 通过玩中学和学中玩,养成科学对待游戏的态度和善于思考的良好习惯。

三、教学重难点

教学重点:感知旋转后俄罗斯方块的形状和结构特征,掌握巧填俄罗斯方块的方法。
教学难点:熟练掌握"S"形、"Z"形、"L"形、"J"形方块旋转前后的结构特征。

四、教学准备

多媒体课件、俄罗斯方块卡纸若干、10×8方格卡纸。

五、课时安排

1个课时。

六、教学建议

(1) 依据学情,如果学生未学习图形旋转固定角度的相关知识,此时就要补充图形顺时针旋转90°这一知识点,学生有一定的生活经验,可以通过教具让学生摆一摆,通过实践操作进行感知。

(2) 在课堂中,通过播放游戏视频创设游戏的真实场景,同时运用语言的艺术,激发学生探究兴趣。

(3) 在探究游戏秘诀的过程中,应提前做好充分的预设,针对学生在游戏中出现的不同情况,做好相关的策略应对。

七、教学流程设计

(一) 视频导入

(1) 教师播放了游戏视频之后质疑:你们知道这是什么游戏?它是怎么玩的?
根据学生的回答,教师板书课题:俄罗斯方块
在指名学生回答后,播放微课,引出游戏规则:

① 通过移动、旋转去摆放游戏自动输出的各种方块,使它们在屏幕底部拼出完整的一行或多行消除,给新落下来的板块腾出空间,得到分数奖励。

② 随着方块下落的速度越来越快没有被消除掉的方块不断堆积起来,一旦堆到屏幕

顶端,游戏便结束。

(2) 教师引导:为了有足够空间去摆放图形,也就是要尽量消除整行得到分数,(板书尽量消除整行)那方块可以任意摆放吗?一定要排兵布阵,也就是说方块的摆放也是有讲究的,要巧妙填充。(教师完善课题:巧填俄罗斯方块)

(二) 新知探究

1. 初步感知俄罗斯方块的形状特点

(1) 初步了解。

教师在黑板上出示游戏中的七个方块图形,引导观察:仔细观察图形的形状你有什么发现?

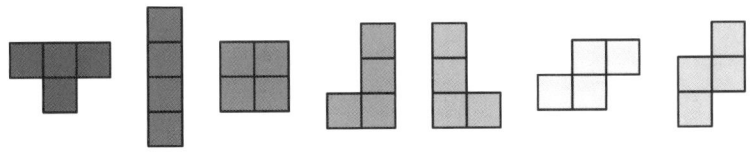

学生独立观察后,指名汇报。

教师引导发现:这些方块的形状与英文大写字母相似。此时教师进一步引导:游戏的设计者就是根据英文大写字母为它们命名的(并依次板书 T、I、O、J、L、S、Z)在此过程中发现"Z"形方块需通过旋转得到。

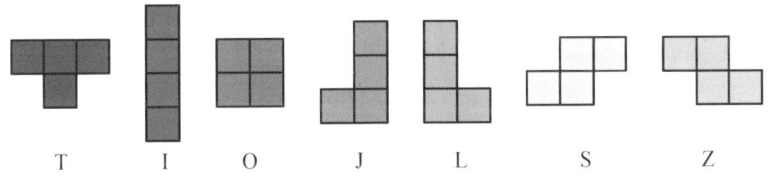

(2) 对比分析。

教师引导学生观察:仔细观察这些方块有哪些图形容易混淆?

学生将"J"形和"L"形、"S"形和"Z"形方块旋转对比,并自由回答。

教师引导发现:它们是不同的图形,通过翻转可以重叠,是对称图形。并再次强调游戏规则:游戏规则中,方块图形只能旋转、平移,不能翻转,所有这两组方块不能混淆。

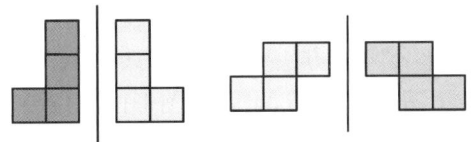

2. 深入了解方块图形的旋转变化

教师继续提出质疑:游戏中是不是只有这7种情况呢?

学生自由旋转、平移图形,发现:图形可以通过旋转变化。

教师操作演示 ,并引导学生回忆:围绕一个点进行圆周运动,强调游戏中方块图形的旋转有方向和角度的规定要求。(每次按照顺时针方向旋转 90°)

学生边操作边观察:以图形上任意一个点为旋转中心,使图形旋转 90°、270°、360°。

引导学生发现：① 方块旋转，形状未变，只是方向发生改变；② 图形旋转360°后还原，并有规律的依次重复循环。

教师接着质疑：快速说一说"I"形和"O"形旋转一次、二次、三次怎么摆放？

教师根据学生回答在黑板上进行操作演示。

教师质疑："J"形"L"形"S"形"Z"形方块旋转一次、二次、三次怎么摆放？

此时提出要求：由不同的组派代表在黑板上进行摆放，其他同学在方格纸上画一画。

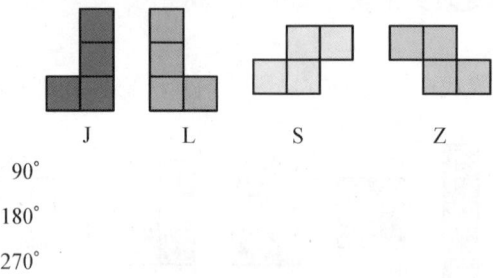

J　　L　　S　　Z

90°

180°

270°

教师进行巡视，学生完成后，教师及时订正。

3. 探求巧填方块的方法

（1）教师引导：在了解方块的特点之后，我们进行实践操作。（在黑板上粘贴俄罗斯方块游戏的背景方格纸图10×8）

依次出现：

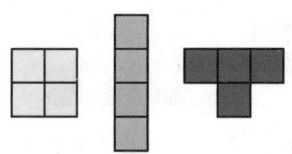

教师询问："O"形方块 怎么摆放？

教师通过操作演示，学生观察发现：图形摆放两端与图形摆放中间相比，摆放两端最优。

教师继续提问："I"形方块 怎么摆放？

学生独立观察，教师指名汇报：点击旋转一次，摆放两端。

教师顺势提出质疑：为什么"I"形方块要旋转一次？

学生根据经验得知：要尽量铺满整行，也就是图形的底层要覆盖更多的格子。（此时教师进行板书：摆放两端，底层覆盖多格）

教师继而提问"T"形方块的摆放并进行操作。

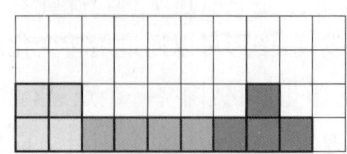

教师引导学生观察:第一行差一个空格就达到消除整行的目的。
（2）教师质疑:观察空缺的特点,如果要达到消除的目的,这时候你最不希望来哪个方块?
学生观察发现:"O"形方块达不到消除的目的。
教师顺势提问:如果是"O"形方块,最优的摆放方式是什么?
通过操作演示发现:要尽量不产生空格。

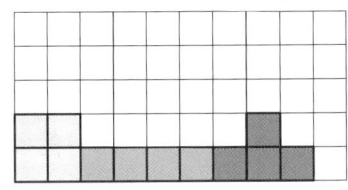

教师质疑引导:哪些方块可以达到消除整行的目的?
学生通过观察图形特点发现:"I"形"S"形"L"形"T"形方块可以消除整行。
教师根据学生的回答进行操作演示,并总结板书:观察图形与空缺特点
（3）继续设置情景:

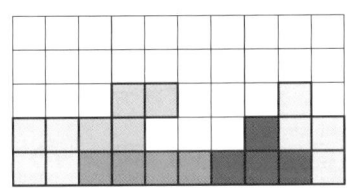

教师引导:如果方块掉落放置在这里怎么办,挡住的白格目前还可以被覆盖吗?最好的办法是什么?
学生思考发现:想办法铺满上面一行。（板书总结:出现空格,尽可能地覆盖上一行）

（三）实践操作

教师提出要求:刚刚我们探究了游戏秘诀,现在再来观看一个俄罗斯方块的游戏视频,在此过程中针对方块的摆放你可以提出自己的想法和见解。
此时表扬学生发表勇于意见。
教师出示课件,明确合作探究的要求:
在方格纸底部依次摆放所给的图形,图形摆放好后不可再调整,(图形可旋转、不可翻转)覆盖整行数越多则获胜,时间3分钟。
加分细则:第一名组内成员各加4分,以此类推,第二名加3分,第三名加2分,第4名加1分。（若违反规定时间则取消小组加分）
学生汇报本组情况,教师及时表扬和加分。

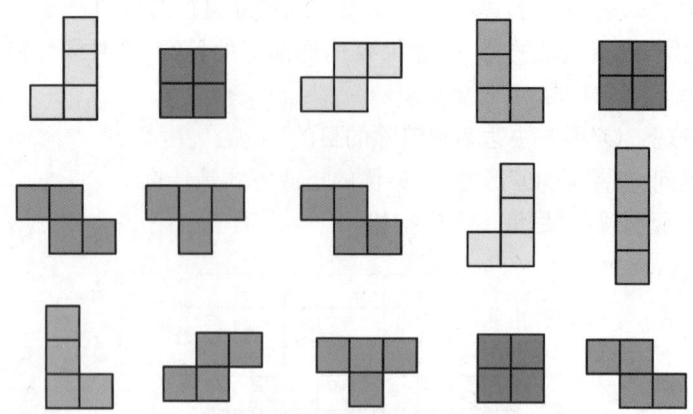

（四）课堂总结

教师质疑：今天的学习有什么收获？游戏好玩，但应该注意什么？

学生自由回答后，教师引导：益智类游戏可以锻炼我们的思维能力，如俄罗斯方块游戏可以提高空间想象力，但是要谨记玩游戏一定要适度，而且要学会在玩中思考。

（五）板书设计

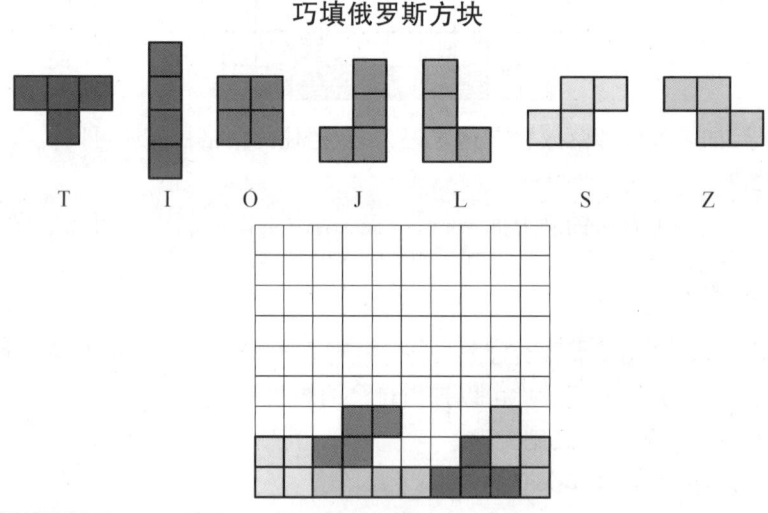

尽量消除整行

摆放两端，底层覆盖多格

观察图形与空缺特点

出现空格，尽可能地覆盖上一行

八、课外作业

（一）作业设计

（1）如果玩家技术足够高，游戏是否永远不会结束？

(2) 写一篇数学日记,谈谈自己对这节课的学习体会。

(3) 在方格纸上画下由 4 个小正方形拼接起来所组成图形的全部情况。

(二) 作业建议

(1) 作业内容以延伸拓展为目的,拓展学生思维。

(2) 作业的设计具有一定的趣味性,提高学生探索的主动性和积极性。

(3) 可采取写数学日记的形式,在检查作业时,可体现学生是否做到玩中思考。

九、教材推荐

推荐教材:〔日〕高滨正伸著,冯洁译:《空间思维大挑战》,浙江少儿儿童出版社,2016。

推荐理由:"空间思维大挑战"是一套通过一系列有趣的图形游戏和立方体手工培养孩子空间思维能力的数学游戏书。学生的"观察能力"和"研究能力"会随着使用"五种感官"的游戏深入和日常生活经验的积累而自然增长,用简单的教具来引发深刻的思考,并且让孩子们乐在让孩子们通过书内的脑力体操,激发大脑思维。

设计、定稿人:曾 倩

26. 巧 妙 分 割

一、内容简介

本节课学习的《巧妙分割》是为了让学生接触不同层次的题型,开阔学生视野,培养和发展学生的思维能力。并且让学生学会观察图形,联系特殊图形的性质,利用中心点来分割或者将大的不规则图形添加辅助线分割成小的图形,借助中心点、分割份数、图形边的终点等来分割成同样大小的几份。学会总结更多的巧妙方法分割不同种类的图形。

二、教学目标

(1) 对长方形、正方形、梯形等特殊四边形的性质有进一步了解,并能灵活地应用对角线确定中点这一性质。

(2) 经历观察、思考、分析、交流、归纳等活动,进一步培养动手操作能力及灵活运用知识解决问题的能力。

(3) 在解题中感受动手操作带来的成就感,体验数学充满探索和创造。

三、教学重难点

教学重点:利用特殊图形的性质,学会找不规则图形的辅助线。

教学难点:理解分割成小图形的数量与要分的份数成倍数关系。

四、教学准备

多媒体课件、尺子、纸片、水彩笔。

五、课时安排

1个课时。

六、教学建议

（1）在学生切割图形时教师要提醒必须是直线切割并且只能用一刀两断式的切割方法。

（2）教师可以准备一个较大的纸片图形在学生面前剪切，使学生对分割的份数更加直观。

（3）引导学生灵活运用特殊图形的性质，发现将大图形分割成小图形时，不会改变图形形状，只改变图形的大小和数量。

（4）引导学生掌握分割的数量与要分的份数成倍数关系。

七、教学流程设计

（一）游戏导入

（1）教师抛出问题：同学们能将自己手中的大小相同的正方形纸片平均分成大小、形状相同的两部分吗？动手尝试一下。

学生分完后教师请学生回答都是怎样分的，用什么样的方法分的，学生会想到用对折的方法。

在学生回答分法时教师在黑板上画出相应的分割图。

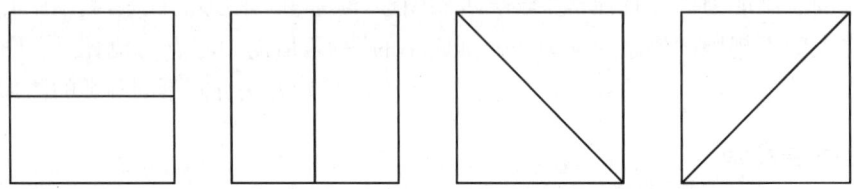

教师质疑：如果我们将这些切割的线条都画到一张图上，猜猜会什么样的特征？
学生猜想，指名汇报。
教师演示完后学生会发现：都相交到了中间的一个点上。

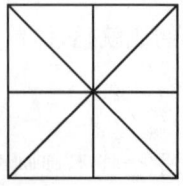

（2）教师揭示课题：这个点就是这个正方形的中心点，我们今天要学习的《巧妙分割》（板书课题）就是要利用中心点来解决问题。我们发现只要是经过了这个中心点的直线都能将图形分成大小形状相等的两份。

课件展示下图:

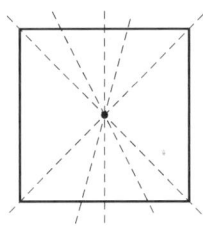

(二) 新知探究

(1) 教师创设情景:小明去爷爷奶奶家过暑假时遇到了一个问题,村里想把下图所示的一块田地用一条直线分成面积相等的两个部分! 同学们,你们能帮助小明解决这个问题吗?

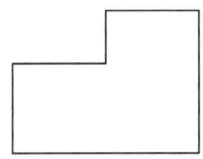

(2) 教师引导:① 之前我们玩的游戏是以规则图形正方形的中心点进行分割的,那这块地是不是也可以找出中心点呢?

② 但这块地是不规则图形,那我们是不是可以添加一条线段让它变成规则图形? 那线段添在哪里呢?

学生独立思考,尝试在中间添加了线段。教师提示:添加的线段我们用虚线表示,这样可以便于我们观察原来的图形。

引导学生动手画一画,将这块不规则的地分成了由两块长方形组成。

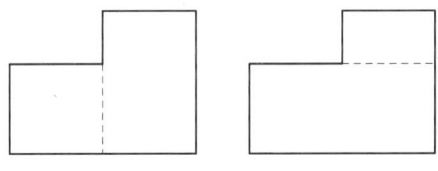

③ 那我们怎样找出这两个图形的中心点呢?

学生回答出对两个图形分别做交叉的对角线,这样就可以得到两个图形的中心点

④ 怎样利用这两个中心点来分割图形呢?

引导学生回答:过两点做直线

教师带领学生一起观察:同学们看,现在左边的长方形被分成了上下面积相等的两个梯形,右边的长方形也是一样的,我们把两个图形连在一起看,整个大图形就这样被分成面积相等的两部分。

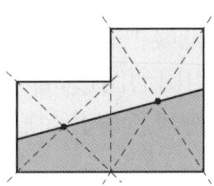

（3）教师询问：还有同学有其他的方法吗？

学生独立思考，组内交流后，指名汇报，教师课件演示。

① 分成上下两个长方形画对角线求中心点的方法。

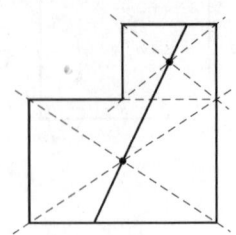

② 量出边长画中线求中心点的方法。

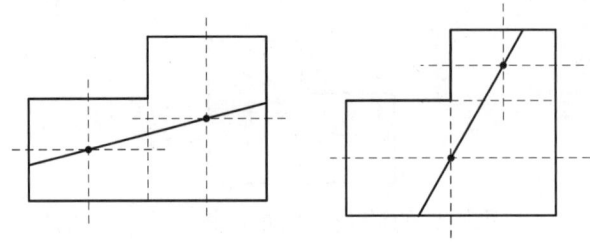

（三）巩固练习

（1）课件出示：把三个正方形组成的菜地分成大小、形状相同的4块菜地。

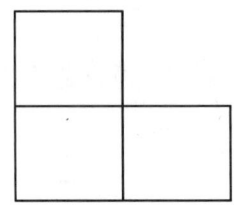

教师引导：对于这个难度加大的题目，同学们分小组讨论一下，集聚小组的智慧，我想能更快得到解答。我这里有几点小组合作的建议，哪位同学愿意帮老师读一下？

（2）指名学生朗读下面的合作要求。

① 想：独立思考想一想应该怎样分？
② 画：把你的想法画在纸上。
③ 说：和你的组员说说你是怎么想的，并派一名代表展示本组的讨论结果。

学生开展小组合作学习，教师巡视、指导。

学生汇报，说说自己的解题思路。

教师边课件演示边引导分析：教师做出每个大格子的中线引导学生将三个大格子分小一点，添上辅助线把它平均分成12个小的正方形。所以要分成4个大小形状都相同的图形，每一个就得有3个小正方形组成，那3个小正方形可以分成长条形L形。

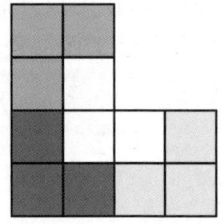

引导小结：要平均分就得找出中心点，找出中心点的目的是为了把大的图形平均分成更小的图形。

（四）回顾整理

（1）教师引导：我们刚才分割了两个不规则图形，这其中是否有一定规律或方法可以总结呢？在我们平时做题目时我们第一步都是做什么呀？

在学生回答的基础上教师归纳：第一步，要先审题，但我们现在是图形，所以我们的第一步是"先观察"。那当我们观察发现不能正好分完时，我们要怎么做呀？

第二步，添加线段分成规则的图形。

教师继续引导：我们把大图形分成小图形之后，接下来怎么做呢？

第三步，根据题目进行分割。

（2）教师评价，课件出示。

分割不规则图形的方法：

① 先观察。

② 在不能正好分完时，我们可以采用添加线段平均分成更小的图形。

③ 再根据题目要求进行分割。

（五）课堂作业

教师课件出示：把这块由三个正三角形组成的空地，分割成 4 块形状相同、大小相等的空地。

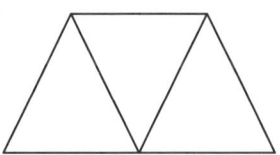

学生独立思考，尝试完成后，指名汇报，说明解题思路。

教师引导：是不是发现用上一道题的方法连接三角形的中心点不能把三角形平均分？那试试连接三角形三条边的中点，看看会发生什么？

在学生回答的基础上，课件演示连接三条边的中点就可以把它平均分成 12 个小的三角形，12 个小三角形分成 4 部分，每份由 3 个小三角形组成。

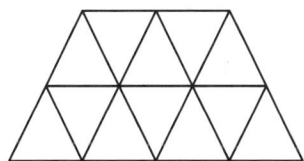

（六）全课总结

教师提问：通过今天我们一起学习巧妙分割，大家有什么收获？

学生自由回答：学会了分割图形；学会了观察；学会了总结方法等。

教师质疑:我们在分割图形时一般要用几步解决?

引导学生回答:① 先观察图形。② 想办法从大的图形中添加线段分成小的图形。③ 借助图形的中心点、份数、图形边的中点等等进行分割。

教师结束语:其实图形的分割还有很多不同的种类,所以以后我们要学会仔细观察、探究,不断总结经验和方法,那样才能发现生活中更多有趣的图形和规律。

(七)板书设计

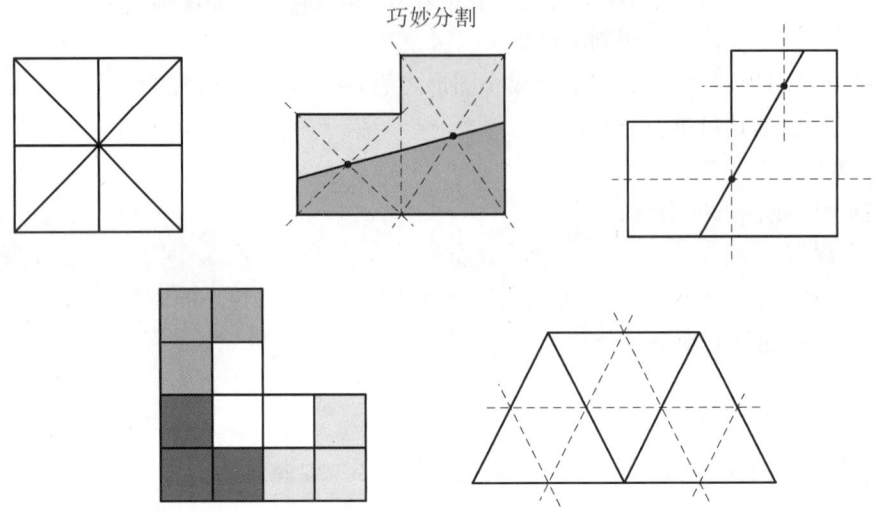

八、课外作业

(一)作业设计

(1)教室旁边有块空地,要把它分成面积和形状一样的 4 个小块,应该怎样分?

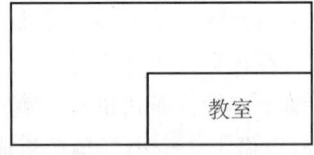

长方形长 16 米,宽 12 米,教室长 8 米,宽 6 米。

(2)下图是由 5 个正方形组成的图形,把它分成形状、大小都相同的 4 个图形,你能做出几种分法?

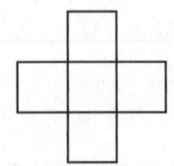

(3) 下图是由 18 个小正方形组合成的图形,请你把它分成 6 个完全相同的图形。

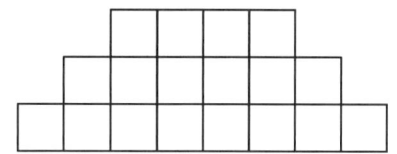

（二）作业建议

(1) 作业要联系生活实际,注重题型的多样性。
(2) 题目的难易程度要适当。
(3) 讲究趣味性,引发学生继续学习的欲望。

九、教材推荐

推荐教材:唐彩斌,彭翁成.《数学在哪里》,电子工业出版社,2018。

推荐理由:《巧妙分割》在该书的第五章有所体现,并且利用小朋友常见的问题进行具体分析,进而激发学生对认识图形的学习兴趣。

设计、定稿人:张文柳　方　恩

27. 数学谜语

一、内容简介

本节课的数学谜语主要分为两类,一类是谜题与数学有关但是谜底跟数学无关的,另一类是谜题跟数学无关,谜底跟数学有关。通过这两类有趣的猜谜,从而提高学生对数学学习的兴趣,培养逻辑思维能力。

二、教学目标

(1) 通过有趣的猜谜游戏,感受数学学习的乐趣,提高数学学习的兴趣;掌握数学猜谜和创编数学谜语的方法,学会思考,激发探究数学问题的欲望,发展逻辑思维能力,开发智力。
(2) 通过小组合作,提高团队合作意识,培养集体荣誉感。
(3) 通过欣赏和评价同伴创编的数学谜语,提高数学审美意识和能力。

三、教学重难点

教学重点:掌握数学猜谜和创编数学谜语的方法,发展逻辑思维能力。
教学难点:引导学生学会积极主动的思考。

四、教学准备

多媒体课件、猜谜卡片、奖状或奖品。

五、课时安排

1个课时。

六、教学建议

（1）教师要提前想好当学生们在活动中如果谈论得过于热烈、不能及时收心应该采取怎样的应对措施。

（2）注意学生在小组合作时是否有做到小组合作的要求。

（3）对于学生不能理解的谜语一定要使用最简洁易懂的语言和学生解释。

七、教学流程设计

（一）谜语导入

（1）教师边课件出示边说明：谁能根据这个谜语猜出老师姓什么？

"林场前后闻羊声"（打一字）

指名学生猜谜，教师引导得出：老师姓"杨"。

（2）教师边介绍自己边课件出示：同学们真聪明，一下子就猜出来了。老师再来考考你们！我们先来听一首谜语歌，看谁最快猜出谜底是什么。

谜语歌

我叫小树跳起舞
我让电线弹起琴
我让风筝飞上天
我赶白云万里行
猜一猜我是谁呀
天天帮你传歌声

谜底（风）

如果有学生猜出来了就直接说刚才老师已经听到有同学说出了正确答案，现在请同学们大声地告诉我谜底是什么，对，谜底就是风（如果没有学生猜出来就说刚才的歌太动听了大家没有听清楚歌词，老师将歌词展示出来看看这次大家能不能猜出来）。

（3）教师引出课题：这个是我们生活中的谜语，我们数学中也有许多有趣的谜语。这节课，我们就来一起来了解并猜一猜数学谜语（板书课题：数学谜语）

（二）猜谜语环节

接下来，我们以小组比赛的方式来玩游戏，赢得分数最多的组，就能获得这些奖状。

1．第一轮猜谜比赛

老师先介绍说明游戏规则：

① 独立思考，不能讨论，自己写自己手上的谜语，字要写工整。

② 猜对一题加一分，整组同学猜完之后组长举手示意老师。

教师先将卡片(每张卡片上都有一个谜语)交给组长,再由组长分发给组内的每位成员,每人一张,看哪组在5分钟内猜的谜语最多。

比赛开始,教师巡视、督查,根据各小组纪律和守规情况给予加减分。

教师先请四位学生上台当小助手,将各队的答案分别交给四位小助手。教师读完一题后,小助手分别大声地报出每个队的答案。

- 一加一不是二(打一字) ——王
- 4+4+4+4=?(打一水果) ——石榴
- 2.05+2.03+4.07(打一节日) ——中秋节
- 这个脑袋真是灵,忽闪忽闪眨眼睛,东南西北带着它,加减乘除不费劲(打一学习用品) ——计算器
- 有了它就卖,没有它就买(打一数字) ——十
- 哪个数字倒立后能变大(打一数字) ——6

集体订正:你们认为哪个队的答案是正确的呢?为什么?(那我们来看看第一题的谜底是什么。)恭喜×队获得一分……也分别给这四位小助手加上一分,这一轮的谜语到此就结束了。

教师课件出示并引导学生观察:这几个是我们刚才猜的谜语,你们发现数学信息了吗?在哪里发现了数学信息呢?

指名学生汇报自己的发现,教师引导并总结:你在第2题的谜面上发现了什么数学信息,这些谜语的题目就是谜面,那还有谁发现了什么数学信息?那我们再来看看这些谜语的答案,答案好像都跟数学有关系吗?没有,那我们再来看看其他几题,这几个谜语的谜面上有数学信息吗?没有,那我们再来看看谜底,是不是跟数学有关。所以数学谜语一般分为两类,一类是谜题与数学有关但是谜底跟数学无关的,另一类谜题跟数学无关,谜底跟数学有关。

2. 第二轮猜谜比赛

接下来我们要进入第二轮猜谜语比赛,我们再来看看游戏规则:

(1) 由组长读题,读完后开始讨论,讨论声音要小。

(2) 猜对一题加一分,讨论完之后组长举手示意老师。

教师再次强调规则:这一轮的猜谜语是由大家一起讨论答案,小组讨论的时候要小声点千万不要被其他组的同学听到了你们的答案。好,现在各组派个代表来领取纸条。

小组讨论,限时五分钟。教师巡视检查小组讨论和守纪情况,适时加减分。

时间到了,就请各组将小纸条交上来。

教师先请四位学生上台当小助手,将各队的答案分别交给四位小助手。教师读完一题后,小助手分别大声地报出每个队的答案。

- 上面是一,下面是一,中间还是一(打一数字) ——三
- 垂钓(打一数学符号) ——等鱼(于)
- 能分曲直,能辨长短,要问长短,请他帮忙(打一学习用品) ——尺子
- 考试成绩(打一数学名词) ——分数
- 一减一不是零(打一数字) ——三

● 风筝跑了(打一数学名词) ——线段

集体订正:你们认为哪个队的答案是正确的呢?为什么?(那我们来看看第一题的谜底是什么。)恭喜×队获得一分……也分别给这四位小助手加上一分,这一轮的谜语到此就结束了。

教师启发质疑:第一个谜语和第五个谜语都是我们刚才猜过的谜语,仔细观察这两个谜语的谜题和谜底你发现了什么?

引导学生发现:这两个谜语的谜底是一样的,谜面却不同。

教师小结:这两个谜语的题目是一样的,但是答案不一样,也就是说不同的谜面可以有相同的谜底。

(三) 创编谜语

(1) 教师谈话引导:刚才我们已经猜了两轮谜语,现在到你们大显身手的时候了,现在我们一起来自己试着创编谜语。

课件出示活动规则,教师介绍说明:

① 分组合作创编数学谜语,创编的谜语要符合逻辑,字要写工整。

② 创编的谜语给老师检查过关,五分钟内看哪组创编过关的谜语最多,每个审查过关的谜语加一分。

③ 四个小组都创编完后,各组交换猜谜语,猜对的小组加一分,未猜对的给出迷小组加一分。

(2) 小组合作,创编谜语。

教师巡视、检查、指导,适当给予帮助。

各组派代表展示本组谜语,预设如下:

灭火 (打一数字)	0+0=0 (打一成语)	队伍中无人 (打一数字)	1234569 (打一成语)

教师评价:刚才老师看了四组同学的谜语觉得都很符合逻辑,为每组都加上一分(如有小组未创编出来,教师应鼓励、引导学生进行反思)。

分组交换猜谜(限时两分钟):如果都完成则一、二组交换做,三、四组交换做;如果有小组未完成,教师添加备用谜语,完成的两组交换,未完成的小组交换猜谜。

引导订正:分组汇报,出迷小组评价、判断;如果不对,可先提示,或者直接出示谜底并说明理由。

谜底: 一   一无所有   五   七零八落

小组都汇报完后老师根据情况进行相应的加分。

(3) 回顾总结:刚才我们进行了创编和猜谜比赛,对比一下,你认为哪组的谜语创编得更加精彩?为什么?

如果有学生评价不客观,觉得自己组的是最好的,这时教师引导学生要客观的评价各组的作品,可以从谜语的内容、字的美观程度、书写的简洁多方面评价,最终选出最好的进行加分。

教师点评:经过我们的精挑细选,最终第×组的谜语被评为了我们今天的最佳谜语,我们掌声祝贺第×组。

(四) 全课总结

教师启发:玩了这么多有关数学谜语,谁能来说说这节课有什么收获吗?

学生自由回答:① 知道了数学谜语可以分两类。② 创编了数学谜语……

教师小结:很高兴今天跟同学们一起猜谜语,你们知道谜语是怎么来的吗?在很久以前,人们在交流时,偶尔会由于某种原因,不方便直接表达自己的想法,要通过拐弯抹角的来暗示另一层内容,这就有了"谜语"的萌芽。数学谜语能锻炼我们的思维,增加想象力,丰富我们的数学知识。老师希望同学们以后能多参加有益的文化活动,进一步锻炼自己、丰富自己、提高自己!

(五) 板书设计

数学谜语

一类:谜题与数学有关

一类:谜底跟数学有关

灭火 (打一数字)	0+0=0 (打一成语)	队伍中无人 (打一数字)	1234569 (打一成语)

谜底:一　　一无所有　　五　　七零八落

八、课外作业

(一) 作业设计

(1) 自己查找资料看看还有哪些和数学有关的谜语。

(2) 将自己找到的数学谜语和同学分享并相互提问。

(3) 将今天学到的数学谜语回家和家长分享。

(二) 作业建议

(1) 布置的作业最好既有趣味性又和数学有关,以便于更好地达到本课时的目的。

(2) 布置的作业最好是需要找同学家人互动,让猜数学谜语这件事情变成一个休闲娱乐活动。

九、教材推荐

推荐教材:[法] 布里斯·马萨,希尔文·路易勒著,刘萌译:《很美很美的猜谜书》,湖北科技大学出版社,2018。

推荐理由:《很美很美的猜谜书》中打破常规的猜谜逻辑,将栩栩如生的人物及时代背景赋予谜题中,如中世纪的国王、骑士、古堡等。故事性与神秘感结合,动手动脑玩不停。

设计、定稿人:杨佳丽　钟文静

28. 学会选择

一、内容简介

《学会选择》是一节有利于学生发散思维的课。这堂课老师将生活中的实际问题改编为故事,穿插在课堂中,从而激发学生的学习兴趣。在这堂课上,学生不仅能够跟着故事情境思考,还能学会许多选择的技巧。同时,在合作探究中,培养学生的团队协作能力。生活中,我们会遇到各种各样的选择,会因为一些原因而错选,从而失去很多。因此,对于每个年龄段的人来说,学会选择都是一门艺术。

二、教学目标

(1)掌握生活中某些选择技巧,能够根据具体情境进行合理选择。

(2)在自主探究和小组合作学习的过程中,学会从不同的角度来思考问题,培养发散思维能力。

(3)通过小组合作的形式,养成爱思考,动脑筋的好习惯;同时培养团结协作的精神,激发对数学的兴趣。

三、教学重难点

教学重点:掌握生活中某些选择技巧,能够根据具体情境进行合理选择。

教学难点:学会从不同的角度来思考问题,培养发散思维能力。

四、教学准备

多媒体课件、黑色卡片、磁铁。

五、课时安排

1个课时。

六、教学建议

(1)老师课前要多做准备,可以给不同的人试课,了解学生的思维方式,总结经验,这样在课堂上才能应对自如。

(2)本节课,故事情节很多,老师必须熟练整堂课的流程。讲故事的时候,注重语言的起伏,吸引学生的注意,从而激发学生的兴趣。

(3)教师课后一定要强调督促学生完成作业,鼓励学生参与实践,让学生在游戏中学习,在实践中思考。

七、教学流程设计

（一）情境导入

教师谈话引入：同学们，你们今天早餐吃的是什么呢？

在学生自由回答后，教师评价引导：同学们的早餐可真丰富呀，而且每一个同学的早餐都不一样，也就是说每个人选择都不同。今天早上老师看到了一个小朋友买了三根油条，如果你是老师，你会对他说什么呢？

学生自由回答，教师引导学生说出：为了让身体更加健康，早餐的选择需要注重营养。

教师播放视频：如何搭配营养价值比较高的早餐。

教师揭示并板书课题：其实不仅仅是早餐要注重营养，生活中我们还会面临各种各样的选择，在我们做选择的时候不能随意，必须学会选择。（板书：学会选择）

（二）初步探究

（1）教师创设情境：最近，小明迷上了金鹰卡通的一档节目，叫作"疯狂的麦咭"。他想要去参加节目，就和爸爸商量。爸爸给了他一个难题，如果他能顺利过关，就让他去参加节目。聪明的小朋友们，我们一起来帮帮小明吧！

教师抛出问题：爸爸需要去北京出差，爸爸要求小明帮他选择合理的交通方式。如果你是小明，你会怎样帮爸爸选择交通方式呢？

教师课件出示题目及交通方式示意图：

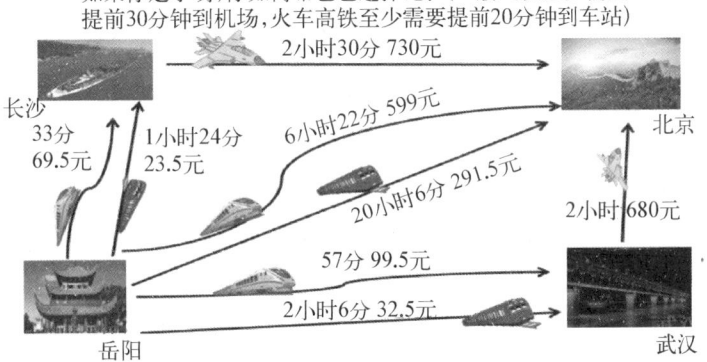

（2）学生观察发现相关信息：

① 岳阳到北京，有直达火车和高铁，火车 20 小时 6 分，291.5；高铁 6 小时 22 分，599 元；

② 也可以到长沙转车，再去北京，岳阳到长沙火车 1 小时 24 分，23.5 元，高铁 33 分，69.5 元；从长沙到北京飞机 2 小时 30 分，730 元；

③ 还可以到武汉转车，从岳阳到武汉的高铁 57 分，99.5 元，火车 2 小时 6 分，32.5 元，从武汉到北京的飞机 2 小时，680 元。

教师提示:一般飞机至少需要提前 30 分钟到机场,火车高铁至少需要提前 20 分钟到车站。

(3) 如果你是小明,你如何帮爸爸选择呢?你选择方案的总时间和价格分别是多少?

学生独立思考,尝试解决。(假设学生没有头绪,老师可引导:在这里我们每种交通方式都可以选择,只要你的理由合理就行。)

教师巡视,发现并且表扬用简便方法表示的同学(假设没有学生想到用简便方法表示,老师可以提醒:同学们,我们以前学过用字母表示数,那这里是不是也能用字母表示呢?)。

(4) 三分钟后,指名学生上台展示,要求展示时把选择的方式以及总时间和总价格板书在黑板上。

集体订正,并指名说说自己选择的理由:你为什么选择这种交通方式?

(5) 老师引导对比:我们发现从岳阳到北京可供选择的交通方式有很多。我们对比一下,选择这些交通方式分别有什么优缺点?

(6) 教师质疑,指名回答,并说明理由:

① 那如果以后我们自己出去旅游,想要节省一点路费,选择哪一个最合适?(直达火车)

② 如果想要尽快到达北京,选择什么方法最合适呢?(飞机)

③ 如果你的钱不是特别多,但又想要快一点到达北京,你会如何选择呢?(直达高铁)

根据学生的回答教师小结:我们发现选择交通方式,要根据自身的情况去选择。同学们,以后我们去旅游的话,在选择交通方式的时候,一定要给自己选定一个好的方案。最后小明的爸爸听从了小明的建议,选择坐直达高铁去北京。

(三)深入探究

(1) 教师继续创设情境:我们已经顺利帮小明解决了难题。爸爸同意小明去参加节目。我们一起来看看!

教师播放有关电视节目《疯狂的麦咭》视频节选。同时,教师要提醒同学们在观看视频的时候,把游戏规则记录在本子上。

观看完视频后,教师质疑:从这个视频中,你知道了游戏规则是什么吗?

在学生自由发言,教师引导学生说出视频中的关键信息:60 秒时间,每个礼物只有一件,不能重复选择。

(2) 课件展示礼品:(早教机,3 kg,312 元;麦咭机器人,1.5 kg,798 元;电子琴,5 kg,6000 元;电话手表,0.5 kg,598 元;果倍爽饮料,3 kg,88 元;大礼包,3.5 kg,2996 元;美的熊,1 kg,99 元;电子狗,1 kg,298 元;平板电脑,2 kg,2298 元;智能玩具,0.5 kg,198 元。)

教师接着说明:小明说他在 60 秒内,只能搬运一次物品,并且他只能搬动 4 kg,太重了的话他就抱不动了。

教师课件展示:假设小明在 60 秒内,只能搬运一次,并且每次只能搬运 4 kg 物品,那

早教机
3kg　312元

麦咭机器人
1.5kg　798元

电子琴
5kg　6000元

电话手表
0.5kg　598元

果倍爽饮料
3kg　88元

大礼包
3.5kg　2996元

美的熊
1kg　99元

电子狗
1kg　298元

平板电脑
2kg　2298元

智能玩具
0.5kg　198元

他要如何选择,才能使礼物价值最大呢?为什么?

(3)教师引导:是不是感觉有点困难?可以小组合作,共同完成。

课件出示合作要求,指名学生朗读:

① 先思考2分钟,再小组合作。

② 合作时要求全员参与。

③ 答案必写在卡纸上。

④ 组长安排好组员,做好发言准备。

⑤ 时间一到,所有组迅速交上卡纸。

学生分组展示,教师巡视,根据学生合作情况适时进行评价和加减分。

五分钟时间一到,教师收卡纸,小组展示后派代表发言。

教师引导学生说出解题技巧(考虑总重量和总价值),寻找题目陷阱(此题不能只考虑价值)。

(4)教师质疑:那如果我们的礼物种类不是十种,而是二十种,甚至三十种,我们还能直接判断吗?

教师引导使用列表法,让学生寻找表格中的特殊处。(表格的单价是从小到大排列)

名称									
重量/kg	1	0.5	1	3	1.5	0.5	2	3.5	5
单价/元	99	198	299	312	798	598	2298	2996	6000

教师质疑引导:

① 只考虑总价值行吗?(不行)

② 我们仔细观察表格中的数据,你还有什么发现呢?(引导学生说出部分商品它们的重量相同,像电子狗和美的熊,它们的重量相同,比较起来就很简单)

③ 有什么办法同时考虑重量和价值?(引导学生得出:将所有重量都转化为同1 kg)

④ 不是1 kg的礼物如何转化?(引导学生明确:0.5转化为1是乘2,那价格也要在原基础上乘2;3转化为1是除以3,那价格也要在原基础上除以3。)

这些和 1 有倍数关系的确实好处理，那 3.5 怎么办呢？（引导学生得出：3.5 乘 2 变为 7，再由 7 转化为 1）。

（5）教师继续引导：那我们这个新表格是不是重量都相同呢？但是我们发现价格又没有按顺序了，所以我们要把价格按照从小到大顺序排列，得到新的表格。

名称									
重量/kg	1	3	1	0.5	1.5	3.5	2	0.5	5
单价/元	99	312	299	198	798	2996	2298	598	6000
1千克单价/元	99	104	299	396	532	856	1149	1196	1200

最后，教师带领学生按照表格排列顺序进行选择，并计算出总重量和总价值。在这个过程中，教师要多质疑，引发学生思考。

名称									
重量/kg	1	3	1	0.5	1.5	3.5	2	0.5	5
单价/元	99	312	299	198	798	2996	2298	598	6000
1千克单价/元	99	104	299	396	532	856	1149	1196	1200
是否选择	否	否	否	否	是	否	是	是	否

（四）回顾总结

教师提问：经过这一节课的学习，谁来跟老师分享一下你的收获？

学生自由回答，教师引导学生对本堂课内容进行回顾。

教师小结：仔细想想，生活中到处都是选择，但是很多时候我们太随意，以至于事后才去后悔。其实，只有我们有善于发现的眼睛，善于思考的大脑，学会选择技巧，那选择也就变得很简单了。

（五）课堂作业

课件出示：

想一想，从你家到学校有哪些交通方式可以选择？不同情况又该如何选择呢？（至少分 3 种情况）

如课堂时间充裕，学生独立完成再集体订正；

如时间不够，学生可在课后完成。

（六）板书设计

学会选择

方式：<u>直达火车</u> 总票价：<u>291.5元</u> 总时间：20小时26分	第一组： 物品：平板电脑、电话手表、麦咭机器人	第二组： 物品：大礼包、电话手表
方式：<u>直达高铁</u> 总票价：<u>599元</u> 总时间：<u>6小时42分</u>	总重量：4 kg 总价值：3694元 （答案正确）	总重量：4 kg 总价值：3594元 （答案正确）
方式：高铁到武汉，飞机到北京 总票价：779.5元 总时间：3小时47分		
方式：高铁到武汉，飞机到北京 总票价：712.5元 总时间：4小时56分	第三组： 物品：平板电脑、电话手表、麦咭机器人	第四组： 物品：平板电脑、智能玩具、麦咭机器人
方式：火车到长沙，飞机到北京 总票价：753.5元 总时间：4小时44分		
方式：火车到武汉，飞机到北京 总票价：799.5元 总时间：3小时53分	总重量：4 kg 总价值：3494元 （答案正确）	总重量：4 kg 总价值：3294元 （答案正确）

八、课外作业

（一）作业设计

（1）回家后，和妈妈一起去菜市场买菜，看看妈妈在买菜的时候是如何选择的，记录下选择技巧。

（2）回家后，寻找一下身边有什么事情也是需要选择的，一般是根据什么来选择的呢？请选择两个典型的事件记录在作业本上。

（3）和身边朋友玩下列游戏，游戏后在作业本上记录你的感想。（感想内容包括游戏前准备的物品和设定的具体时间和地点，以及游戏中你的发现）

<u>游戏规则</u>
1. 设定甲、乙两地，在乙地放入各种礼品。
2. 参赛者在规定时间内，将物品从乙地搬运到甲地。
3. 在规定时间内，搬运到甲地物品总价值最高即获胜。

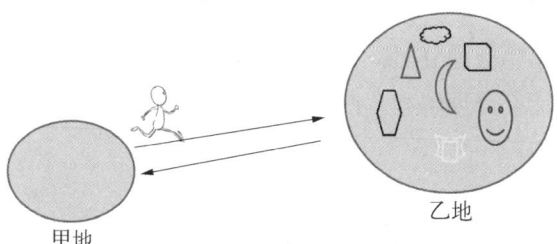

（二）作业建议

(1) 作业量不宜过多，不宜过难，内容要符合课题。
(2) 作业要有创新，突出数学的趣味性。
(3) 作业尽可能的要求学生多实践，因为"学会选择"这一个课题，本就是源于生活。

九、教材推荐

教材推荐：林厚从．《信息学奥赛之数学一本通》，东南大学出版社，2016。

推荐理由：本课主要是引导学生学会做出最优的选择。本书主要介绍了动态规划算法的基本概念、适应条件、求解问题的一般方法，以及动态规划算法的基本优化思路和方法。掌握本书的部分内容，对深入理解这堂课有很大的帮助。

设计、定稿人：李欢新

29．分类的奥秘

一、内容简介

《分类的奥秘》主要讲解的内容是：加法原理在实际解题中的理解和应用。加法原理即是说完成一件工作共有 N 类方法。在第一类方法中有 m_1 种不同的方法，在第二类方法中有 m_2 种不同的方法……在第 N 类方法中有 m_n 种不同的方法，那么完成这件工作共有 $N=m_1+m_2+m_3+\cdots+m_n$ 种不同方法。而运用加法原理解决某些计数问题，关键在于合理分类，不重不漏。所以本课在内容设计上创设了"寻宝"情境，充分出示常见的计数问题，通过师生的共同探索学习，使学生能在实际解题过程中，充分理解和掌握加法原理，学会合理分类解决问题。加强学生对思维条理性的训练，培养学生解决问题的能力。

二、教学目标

(1) 理解和掌握加法原理，并能准确、熟练地运用此原理解决实际问题。
(2) 在自主探索与小组合作学习的过程中，提高分析问题、解决问题的能力，增强合作交流意识。
(3) 体会到数学学习的趣味性，增强对数学学习的兴趣。

三、教学重难点

教学重点：引导学生合理分类，不重不漏地举出完成一件事情的所有办法。
教学难点：学生能充分理解和掌握加法原理，学会合理分类解决问题。

四、教学准备

多媒体课件、带简易图的卡纸若干。

五、课时安排

1个课时。

六、教学建议

(1) 教师在创设"寻宝"情境时,要注意情境的神奇性、生动性,以此来充分调动学生的学习兴趣。

(2) 教师要注重引导学生把路线的种类和走法进行简单梳理,让学生明确探究思路。

(3) 在教学中,要充分体现学生的主动性,注重学生的自我探索、自我成长,切勿"教师为主,学生为辅"。

七、教学流程设计

(一) 设疑导入

教师谈话引入,设置悬念:同学们好,初次见面,老师给大家单独准备了一份礼物。想要吗?但要获得礼物是有条件的,需要你们开动脑筋,用智慧解决问题之后才能得到,敢接受挑战吗?

(二) 初步探究(夺取宝箱)

教师边出示课件边创设情境:装有礼物的宝箱被我藏在了海边的一个地方,大家要想获得礼物,首先要夺取宝箱。

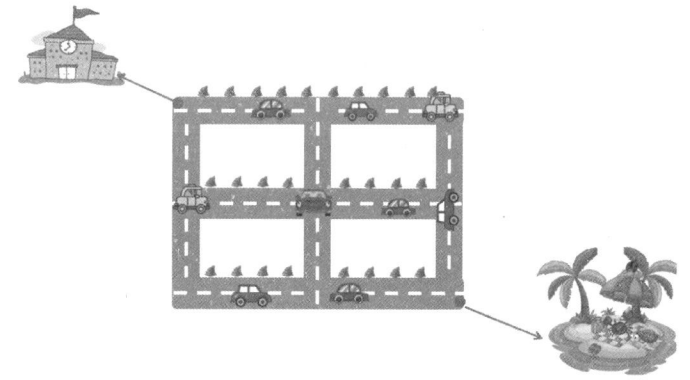

教师提出疑问:如图所示,假如从学校出发到达海边有如上几条路相通,并且要求只能往右或者往下走,那么你知道有多少种不同的路线可供我们选择吗?为了方便,老师这里将学校到海边的几条路转化成了这样一个简易图:

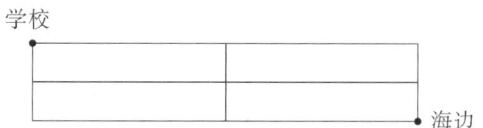

请大家独立思考,先想一想可以设计出哪些路线?确定后,再将你想到的所有路线,用你喜欢的记号标记在卡纸上。

在学生独立思考时,教师将附有 6 幅简易图的卡纸分发给每一位同学,卡纸如下:

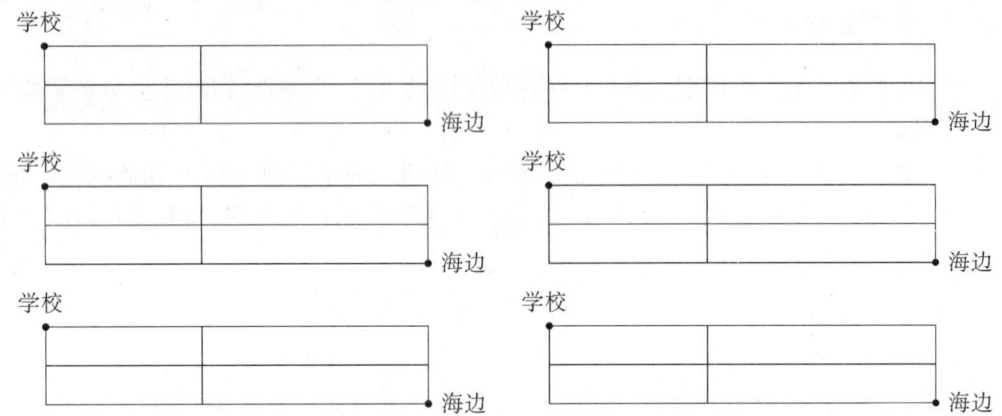

学生独立思考后尝试画一画,看谁找到的路线最多?

教师提问引导:你们都想出了多少种不同的路线呢?现在我先请找出的路线相对较少的同学说说他的想法,等他说完其余同学再举手补充。

此环节学生一边自由表达意见,教师一边适时引导并利用符号将学生所说的路线进行板书。

在学生列举完所有符合条件的路线之后,教师询问一开始就将所有路线列举出来的同学:"你(们)是怎么样做到即不重复又不遗漏的?请跟大家分享一下你(们)的好办法。"

学生自由表达自己的思维过程。

结合学生回答,教师适时指导,使学生明确方法:将题目中的关键信息"只能往右或往下走"作为突破口,在列举之前先将所有可能出现的情况分为"先往右走"和"先往下走"两类,再依次分类列举出所有路线。

接着教师播放课件,利用动画演示路线,带领学生回顾并感受分类的好处。

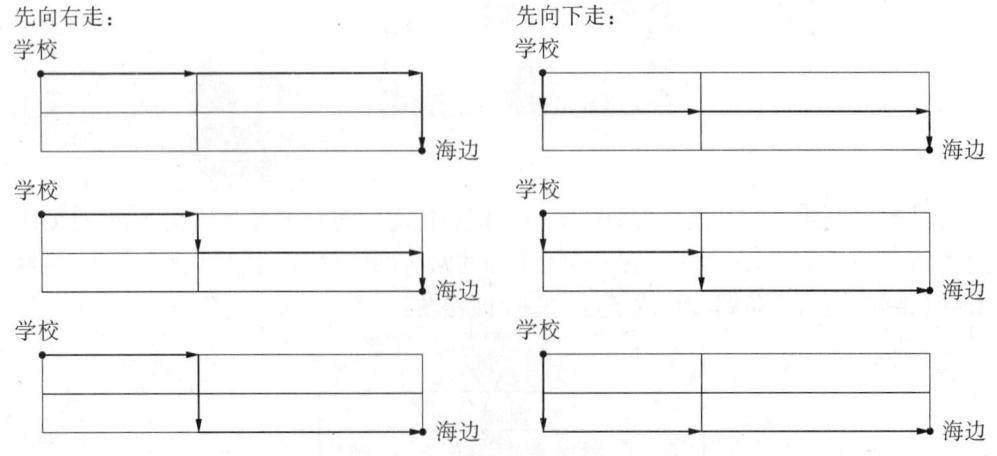

最后教师顺势引导,揭示课题:我们在解决某些实际计数问题时,若先进行合理分类,

再按照分类,将每一类的情况一一列举,最后相加得出总数,这样会更方便,而且可以做到不重不漏。那么接下来我们就继续在这个寻宝过程中去深入体会分类奥秘,学会将合理分类思想运用于实际解题中。(教师板书课题:分类的奥秘)

(三) 深入探究(求解宝箱密码)

1. 明确密码求解方向

教师引导:既然大家都找出了这么多种路线,我相信同学们一定是可以顺利到达海边的(课件播放动画:同学们热热闹闹地来到海边,并成功找到藏在一棵大树后面的宝箱。但是宝箱还需要密码才能打开)。同学们,继续发挥你们的智慧吧!

教师提示:① 这个数是一个两位数!② 这个两位数就是"各数位的数字相加之和为21的三位数有多少个?"也就是这个题目的答案。

课件出示:各数位的数字相加之和为21的三位数有多少个?

教师引导:

(1) 请大家仔细审题,说一说题目中有哪些关键信息?

(学生提炼出"各数位的数字、和为21、三位数、多少个"这些关键信息)

(2) 各数位的数字是什么意思?

(引导学生深入思考并理清题目要求,明确解题方向:① 各数位的数字就是指这个三位数的个位、十位、百位上的数字,② 各数位的数字只能在0—9这十个数字中产生。)

2. 分组合作,共同探讨

课件出示并指名学生朗读合作要求:

① 先独立思考,想一想有多少个这样的三位数。

② 互相交流探讨,人人都要发表自己的意见,组长记录。

③ 得出结果后,举手示意老师。

在学生小组合作时,教师适当提示学生:可先找出0—9中有哪三个数字相加和为21,接着进行合理分类,再按照分类将每一类的所有情况一一列举出来,最后相加得出总数。

在学生合作完成后,请每个组派代表汇报结果并讲解说明本组的解题思路,此时教师要将所有情况进行板书,并指名学生说明不同分类方法。

① $7+7+7=21 \Rightarrow 777$ （三个数字相同）

② 6+6+9=21⇒669　696　966
③ 8+8+5=21⇒885　858　588　}（两个数字相同）
④ 9+9+3=21⇒993　939　399

⑤ 7+6+8=21⇒678　687　768　786　867　876
⑥ 9+8+4=21⇒489　498　849　894　948　984　}（三个数字都不相同）
⑦ 9+7+5=21⇒579　597　759　795　957　975

3. 质疑引导，回顾总结

教师质疑：① 在刚才的解题过程中，哪些小组是先分类再列举的？有没有特别的发现？

引导学生明确：三个数字相同的只能列举一种情况，两个数字相同的可以列举三种情况，三个数字相同的可以列举六种情况。

② 有了这个发现，我们还需要花费时间一一列举吗？

学生明确并体会到利用合理分类解决问题的优越性：在解题时只需要考虑"0—9中有哪三个数字相加和为21"，接着再根据我们的发现直接判断共有多少种不同的答案。

回到寻宝情境并说明：通过大家的努力，我们得出了这个题目的答案是28。看看用它打开宝箱后，是什么礼物在等待大家呢？（动画演示宝箱打开的画面，并呈现宝箱内的礼物——附有趣味数学题的精美明信片。）

（四）巩固练习（解决明信片上的趣味数学题）

教师引导：原来是一张精美的明信片，明信片的内容是一个有趣的数学题，现在就请你拿出本子自己做一做，相信通过刚才的学习你一定能得心应手。

课件出示：各数位的数字相加和为18的三位数有哪些？

学生独立思考并运用加法原理进行解答。教师巡视、个别指导。

指名汇报，集体订正。（教师可检查学生对新知的掌握情况，亦可让学生对新知进行巩固，增强运用加法原理的熟练度）

（五）课堂总结

教师提问：通过今天的学习，你有什么收获？

学生对本课所学进行回顾，自由回答。

教师小结：今天，我们利用加法原理，采用合理分类的办法解决了数学学习中常见的计数问题。

（六）课堂作业

课件出示：从1~8中每次取两个不同的数相加，和大于10的共有多少种取法？
学生独立完成，集体订正。

（七）板书设计

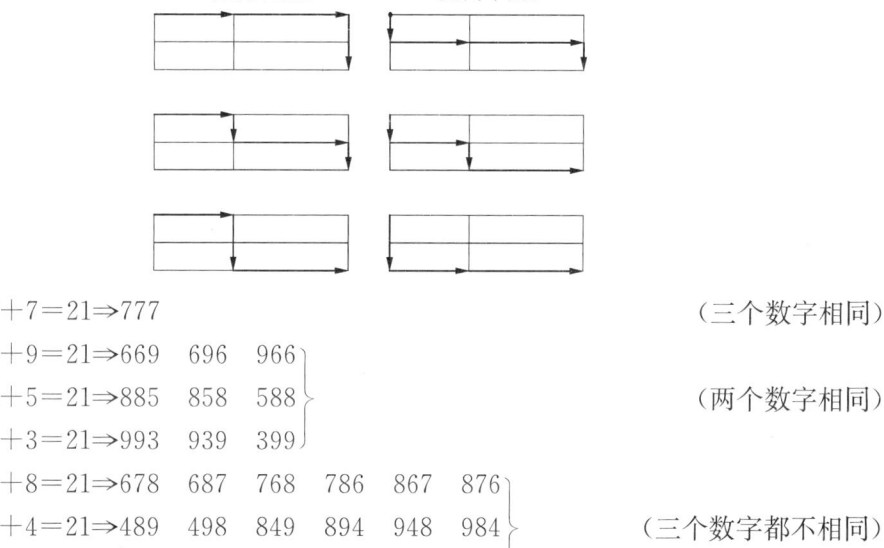

① 7＋7＋7＝21⇒777　　　　　　　　　　　　　　　（三个数字相同）
② 6＋6＋9＝21⇒669　696　966　⎫
③ 8＋8＋5＝21⇒885　858　588　⎬　　　　　　　　（两个数字相同）
④ 9＋9＋3＝21⇒993　939　399　⎭
⑤ 7＋6＋8＝21⇒678　687　768　786　867　876　⎫
⑥ 9＋8＋4＝21⇒489　498　849　894　948　984　⎬（三个数字都不相同）
⑦ 9＋7＋5＝21⇒579　597　759　795　957　975　⎭

八、课外作业

（一）作业设计

（1）从1~10中每次取两个不同的数相加，和大于10的共有多少种取法？

（2）甲、乙、丙三个工厂共订300份报纸，每个工厂至少订了99份，至多101份，问：一共有多少种不同的订法？

（3）一次，齐王与大将田忌赛马。每人有四匹马，分为四等。田忌知道齐王这次比赛马的出场顺序依次为一等、二等、三等、四等，而且还知道这八匹马跑的最快的是齐王的一等马，接着依次为自己的一等，齐王的二等，自己的二等，齐王的三等，自己的三等，齐王的四等、自己的四等。请问：田忌有多少种方法安排自己的马的出场顺序，并且能保证自己至少能赢两场比赛。

（二）作业建议

（1）教师在设计课外作业时，要联系实际生活，突出"数学源于生活、用于生活"的理念。

(2)课外作业应明确要求学生用不同的解题方法、合理分类,解决问题。

九、教材推荐

推荐教材:蒋顺,李济元:《小学奥数举一反三(五年级)》,陕西人民教育出版社,2011。

推荐理由:本课所涉及的"加法原理"在该书的第一讲。书中安排了7—8个例题,例题讲解由浅入深,解答过程清晰详尽,阅读该书利于学生对本课知识的提前预习或巩固。

设计、定稿人:李佳穗

30. 错中求解

一、内容简介

《错中求解》是一节实用性较强的数学课,教师通过讲故事的方式激发学生的学习兴趣,利用微课吸引学生的注意力。在讲故事过程中,引导学生发现和寻找规律;在发现规律后,引导学生自己思考总结出结论,培养学生自主探究的能力。如果以后再遇到这种将数字看错而导致答案出错的问题,就可以得到完美解决。

二、教学目标

(1)通过总结计算错误原因发现其中的原理,掌握并能运用倒推还原的方法解决生活中的数学问题。

(2)在解决问题的过程中,进一步熟悉四则运算法则,提高运算能力,发展团队协作的能力。

(3)通过观看同伴粗心大意的故事,意识到自己在生活中是否也有粗心的情况,培养自我反思的意识,养成严谨细致的良好习惯。

三、教学重难点

教学重点:探索发现错误原因,掌握并运用倒推还原的方法解决问题。
教学难点:培养自我反思的意识,养成严谨细致的良好习惯。

四、教学准备

多媒体课件。

五、课时安排

1个课时。

六、教学建议

(1)在课题导入环节,教师讲述故事应该要形象生动,这样才能更好地激发学生的学习兴趣。

(2) 教师应该把小明将什么位置的数字看错表述清楚,并在课件上用红色字体显示,让学生明白在不同位置的数代表的数值不同。

(3) 引导学生自己探索发现规律,教师也要一步一步讲解清晰。学生总结探索的规律,教师加以引导,让语言更规范。

七、教学流程设计

(一) 故事导入

教师谈话引入:听说同学们都很喜欢听故事,那老师今天也给大家带来了一个故事,大家可要认真听了!

微课播放:从前有个秀才,有一天他娘子让他去酒坊打酒。

秀才不认识去酒坊的路,他娘子告诉他:出门先直走五十米,再左拐走四十米,接着右拐走六十米,然后再右拐四十米,就能够看见酒坊了。

秀才顺利到达了酒坊打到了酒。回来的时候,他依然按照着娘子的话:先直走,再左拐,再右拐,再右拐,最后却发现迷路了!

同学们,你们知道秀才为什么迷路了吗?

指名学生回答后,教师小结:同学们都说得很对。他去的时候是按照这个路线,那他回来的时候就应该走相反的路线。来时直走回去依旧是直走,可是来时左拐的回去就应该是往右边拐,来时右拐的回去就应该是往左边拐。可是,这位秀才并没有发现他的错误,所以最后他迷路了。

教师提问:秀才从家里去到酒坊,又从酒坊要回来家里,这是不是就相当于把路线还原了?(是的)

教师小结:故事中秀才找到回家正确路线的方法叫作倒推还原。(板书:倒推还原)

(二) 探究新知

1. 初步探究

(1) 教师引导:老师这里还有一个关于生活中还原问题的小故事,我们一起来看一看!

微课播放:星期六,妈妈带小明去逛超市。妈妈给家里买了一个电饭煲,还给小明买了一个他喜欢的玩具。

小明自告奋勇的要来算总价格。可是他把电饭煲价格百位上的2看成了5,又把玩具价格十位上的7看成了4,最后总价格就算成了612元。

教师质疑：从刚刚的微课中，你知道了哪些数学信息呢？

学生自由发言，教师引导学生找到关键信息：把电饭煲价格百位上的2看成了5，又把玩具价格十位上的7看成了4，最后总价格就算成了612元。

（2）教师质疑：那你知道小明原本算出来的价格是多少吗？

学生和同桌一起交流完成。

三分钟后，指名学生上台展示，教师提示：你还有其他的答案吗？请板书到黑板上来。

学生板书完成后，集体订正，并指名说说自己这么做的原因。

教师课件再一次展示解题步骤：

小粗心把电饭煲价格<u>百位上的2看成了5</u>

多看了300 ⇨ －300

又把玩具价格<u>十位上的7看成了4</u>

少看了30 ⇨ ＋30

算出的总价格是612元

612－300＋30＝342(元)

答：正确的总价格是342元。

（3）教师回顾质疑：这一类题目，我们是如何解决的呢？

教师引导学生得出：我们做这一题运用的也是倒推还原的方法。倒推就是用问题的条件从后往前来推测或者倒回去计算，如果多加了就要把它减去，如果少加了就要把它加回来。这类的题，在我们数学上就叫作错中求解。（教师板书课题）

教师质疑：同学们，你们平时在生活中或做题的时候，有没有出现过这种把数字看错的情况呢？

学生自由回答，教师引导：犯了错误不要紧，但一定要有改过的心，及时弥补自己的错误。

2．深入探究

（1）教师情境引入：周末的时光过得很快，转眼就到周一，小明要到学校去上课了。他在学校又发生了什么故事呢？我们一起来看看！

微课播放：小明是班上最粗心的孩子，总是粗心大意、丢三落四。在老师上课的时候，也不认真听讲。这不，在老师念题目的时候，他又把某数乘5加56听成了某数除以5减56，结果得到的答案是13。小明发现自己的答案跟其他同学不一样，这可把他急坏了，可是他又不知道自己哪里出错了。

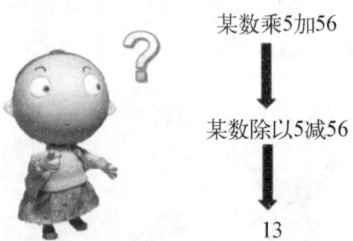

教师提问：同学们，你们知道小明错在哪里了吗？

学生自由回答，教师引导学生说出：把某数乘5加56听成了某数除以5减56。

(2) 教师提醒：比较这道题和上一道题，有什么不一样呢？

教师引导学生说出两题的不同点：前一题看错的是数位上的数，这一题看错的是运算符号。

学生独立完成。教师巡视，并提醒学生注意运算顺序。

学生完成后，请同学到黑板上来板书，板书要求写清楚解题步骤。

教师质疑：你和他的答案相同吗？

教师引导学生说出解题关键点：利用倒推还原的方法，除以 5 变成乘 5，减 56 就要变为加 56。

学生讲解时，教师要注意倾听，注重引导，合理加分。

最后，教师用课件再一次展示解题方法，学生通过课件回顾解题步骤。

小粗心把某数乘5加56听成了某数除以5减56，他得到的答案是13。

▲÷5−56=13 ⇨ (13+56)×5=345

↓
345　　345×5+56=1781

答：正确的答案是1781。

利用倒推还原的方法，除以 5 减 56 就要变为先加 56 再乘 5 得到原数 345，再正确计算 345 乘 5 加 56，最后得出答案 1781。

(3) 教师提问：同学们，你们已经解决了这两道难题，谁来说说，你有什么小窍门呢？

学生举手发言后，教师小结。（课件出示小结内容）

小窍门：

① 从错误结果入手，找出错误的原因。

② 熟记变化规律，注意运算顺序。

(三) 小组合作，动手操作

(1) 教师引导：接下来，我们看看小明还有什么难题，需要我们帮他解决的呢？

微课播放：数学老师在放学前布置了一个家庭作业，小明把老师说的一个算式给听错了。（显示页：■×2÷▲）已知乘号前面的数是一个两位数，除号后面的数是一个一位数。小明把乘号前面的数的十位上的 7 看成了 9，又把除号后面的 3 看成了 5，结果得到的答案是 38。

■×2÷▲，■是两位数，▲是一位数。

■十位上的 7 看成了 9，▲上的 3 看成了 5。

得到的答案是 38。

(2) 微课播放完成后，教师引导：这一题稍微难了一点，那我们就小组合作完成，我们一起看一下合作要求。

课件出示合作要求，指名学生朗读：

① 先独立思考，提取关键信息。

② 两分钟后，小组成员讨论交流。

③ 答案要写在卡纸上，完成后派代表发言。

学生分组展示,教师巡视,根据学生合作情况适时进行评价和加减分。

时间一到,教师收卡纸。

小组展示后派代表发言。(如果四个组答案一样,请表现最好的一组派代表说说是怎么做的,然后再问其他组也是这样做的吗? 如果各组答案不同,请做出正确答案的小组派代表回答)

教师先引导学生说出题目关键信息,(■×2÷▲,小明把乘号前面的数的十位上的7看成了9,又把除号后面的3看成了5,结果得到的答案是38。)再寻找题目陷阱。(乘号前面的数是一个两位数,除号后面的数是一个一位数)

(3)教师质疑:

① 这一题我们需要如何处理呢?(倒推还原)

② 他把乘号前面的数的十位上的7看成了9,又把除号后面的3看成了5,结果得到的答案是38。那我们怎么列式呢?(9_×2÷5=38)

③ 我们仔细看,是不是就可以知道这里是5呢?(38×5÷2=95)

④ 小明把乘号前面的数的十位上的7看成了9,又把除号后面的3看成了5,最后怎么处理?(把9换成7,把5换成3,也就是75×2÷3=50)

最后,教师在课件上出示正确答案。

$$9\_×2÷5=38 \Rightarrow 38×5÷2=95$$
$$↓$$
$$5$$
$$75×2÷3=50$$

答:正确的答案是50。

(四)回顾总结

教师提问:通过今天的学习,你收获了什么?

根据学生的回答,教师引导。

结束语:我们在生活上学习上都要细心都要认真,尽量避免出现错误。就算真的不小心出现了错误,第一想到的也是如何去改正,去补救。

(五)课堂作业

教师质疑:回想一下,你是否也发生过粗心写错数最后计算错误的事情呢? 和你的同桌分享自己的故事和解决方法。

(六)板书设计

错中求解

倒推还原

$$▲÷5-56=13 \Rightarrow (13+56)×5=345 \qquad 9\_×2÷5=38 \Rightarrow 38×5÷2=95$$
$$345 \qquad\qquad\qquad\qquad\qquad\qquad ↓$$
$$345×5+56=1781 \qquad\qquad\qquad\qquad 5$$
$$\qquad\qquad\qquad\qquad\qquad\qquad\qquad 75×2÷3=50$$

答:正确的答案是1781。　　　　　答:正确的答案是50。

八、课外作业

（一）作业设计

（1）小明在计算两个数相加时，把加数百位上的 0 错写成 7，把另一个数十位上的 1 错写成 6，所得的和是 3120。原来两个数相加的正确答案是多少？

（2）在计算有余数的除法时，一个同学把被除数 171 错写成 117，结果商比正确的商少 3，但余数恰好相同。余数是多少？

（3）小刚在计算除法时，把被除数 7140 写成 1740，结果得到商是 49，余数是 25。正确的商应该是多少？

（二）作业建议

（1）教师在布置课外作业时，应尽量选择源于生活实际的应用题，要注重提高学生运用知识解决实际问题的能力。

（2）题目难度要适中，要符合本阶段的学生认知水平。题目内容不宜过于长、复杂，也不能太简短，无法理解题意。

九、教材推荐

推荐教材：蒋顺，李济元：《小学奥数举一反三（三年级）》，陕西人民教育出版社，2016。

推荐理由：《错中求解》这一课的内容，在本书第 21 周学时中有涉及，如果在学习这节课前阅读本书的此节内容，会给学生带来很大的帮助。我们都知道，任何一个知识点的牢固掌握必须要经过 3 至 5 次的反复训练，刚好本书可以让读者周一至周五学习新知识，周末温故而知新。

设计、定稿人：黄海洋　李欢新　雷思宇

31. 自相矛盾

一、内容简介

由脑筋急转弯的"错"字引入，通过扑克牌游戏、理发师悖论以及"鳄鱼和小孩"的故事等，训练并发展学生逻辑思维能力，学会从不同角度看待问题，养成严谨的学习态度。

二、教学目标

（1）通过扑克牌游戏、理发师悖论以及"鳄鱼和小孩"的故事等初步培养推理能力。

（2）通过了解理发师悖论以及"鳄鱼和小孩"的故事等，培养和发展逻辑思维能力，学会从不同的方面看待问题。

（3）养成在对待事情、自我言行举止及数学学习等方面更加严谨的态度。

三、教学重难点

教学重点:培养逻辑思维能力,学会从不同的方面看待问题,养成严谨的态度。
教学难点:培养和发展逻辑思维能力。

四、教学准备

多媒体课件、扑克牌。

五、课时安排

1个课时。

六、教学建议

(1) 在教学过程中,教师一定要保持思路清晰,避免出现思路混乱的情况。
(2) 把握好课堂时间,避免出现内容没有讲完整的情况。
(3) 重在引导学生主动思考,以学生为主体。

七、教学流程设计

(一) 课前谈话

教师出示脑筋急转弯:有一个字人们总是读错,你们猜猜是什么字?(错)
指名学生猜一猜,课件揭示答案
教师质疑:那这个字到底是对的还是错的呢?为什么?
学生思考后回答,教师引导明确:没错这个字就是"错"字。它的读音是"cuò"但这个字是对的。看来老师这个问题没有难倒聪明的你们,今天老师还给大家带来一个故事,我们一起来看看。

(二) 激趣导入

教师播放《自相矛盾》视频,学生仔细观看:
一个卖矛和盾的人自夸他的矛能刺穿所有的盾,又自夸他的盾能挡住所有的矛。当别人问他用他自己的矛刺他自己的盾结果会如何时,他便无法回答了。

教师质疑：
① 这个故事中讲了些什么？
指名学生讲述故事，教师引导，注意情节完整与条理清楚。
② 这个故事中讲了哪两件兵器呢？
指名学生回答，教师板书：矛和盾。
③ 什么叫作自相矛盾？
指名学生回答，教师小结并揭示课题：两个相反的事物称为矛盾，"自相矛盾"就是自己和自己产生矛盾，自己和自己出现了对立的情况。（板书课题：自相矛盾）

（三）了解自相矛盾

（1）扑克牌游戏

教师引导：刚才我们通过视频知道了什么叫作自相矛盾，现在老师想和你们玩一个游戏，你们可要听清楚游戏规则哦！

教师介绍游戏规则：
① 在两叠扑克牌中随便取一叠。
② 牌少的人就可以赢掉另一个人手中的牌。

教师引导学生思考：想想要怎样才能赢？

（如果甲的牌多，就会输掉自己手中的牌，如果乙的牌多，甲就会赢到乙的牌，但是甲拿到牌之后，就会变成甲的多，甲又输了。同样的道理，对于乙来说也一样）

教师与学生循环演示这个游戏，引导学生发现其中的规律，提出反对这个游戏的意见。

教师质疑：
① 这个游戏是不是自相矛盾了？照这样玩下去我们就不知道到底谁输谁赢了？
② 你们有没有什么好的想法让这个游戏变得不是自相矛盾的，而是可以分出胜负呢？

引导学生想到自己拿的牌少时，就玩单数轮，自己拿的牌多时就玩双数轮。

教师过渡：你们可真是爱思考，成功地将这个自相矛盾的游戏变成了可以分出胜负的游戏，老师奖励一个故事给你们。

（2）理发师悖论

教师讲述故事：在一个村子里，只有一位理发师。为了显示自己的与众不同，他为自己定下了这样一条规矩："我只为那些不给自己刮胡子的人刮胡子"。那么理发师能够给自己刮胡子吗？

出示小组合作要求，引导学生明确要求：
① 先独立思考，理发师能给自己刮胡子吗？
② 小组讨论，选出代表来进行汇报。

教师引导并强调："要注意从不同的方面去思考。"

学生可能会出现两种截然不同的答案：
① 他能给自己刮胡子。② 他不能给自己刮胡子。

引导学生理清关系：
① 现在我们假设理发师可以给自己刮胡子，那么他就成"给自己刮胡子的人"。而按

照他的规矩是不能给"自己刮胡子的人"刮胡子的,所以他不能给自己刮胡子。

② 反之,如果理发师不给自己刮胡子,他就成为"不给自己刮胡子的人"。而按规矩他应该给"不自己刮胡子的人"刮胡子,因此他又应该给自己刮胡子。

自作聪明的理发师,为自己制定了进退两难的规矩。

教师根据学生的回答,适时板书,完成以下关系图:

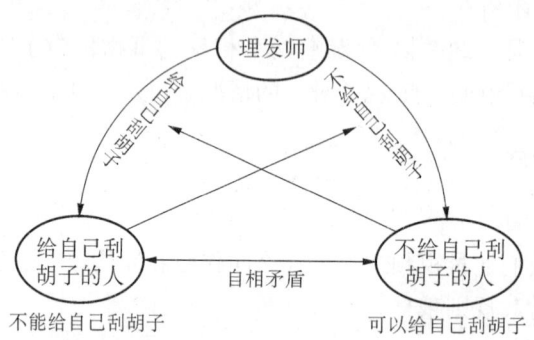

(3) 鳄鱼和小孩的故事

教师引导:自作聪明的理发师言语中的漏洞被机智的我们发现了,老师这里还有一个关于一位机智的妈妈从鳄鱼的手中夺回孩子的故事,你们可要听仔细哦!

一条鳄鱼从母亲手中抢走了一个小孩。母亲说:求求你放了我的孩子吧,不要吃掉他。

鳄鱼说:你猜我会不会吃掉你的孩子?答对了,我就把孩子不加伤害的还给你,答错了,我就要把你的孩子吃掉。

教师引发学生思考

① 母亲是想怎样呢?鳄鱼的目的是什么?(母亲想解救出孩子,鳄鱼想吃掉孩子)

② 母亲要怎样回答鳄鱼就会把孩子还给母亲呢?你们能不能想出一个回答,从鳄鱼手中解救出孩子呢?

出示小组合作要求并引导学生明确:

① 先独立思考,母亲怎样回答才能让鳄鱼不吃掉孩子?

② 小组讨论,看看怎样才可以解救出孩子。

③ 选出代表来进行汇报。

学生分组合作学习,教师巡视指导,适时进行加减分和合作学习评价

分组汇报:

答案一:你会吃掉我的孩子。

如果鳄鱼吃掉孩子,母亲就回答对了,鳄鱼就得把孩子交还给母亲;

鳄鱼如果不吃掉孩子,母亲就回答错了,鳄鱼就可以吃掉孩子;而鳄鱼吃掉孩子,母亲就回答对了,鳄鱼要把孩子还给母亲;

答案二:你不会吃掉我的孩子

教师质疑:如果母亲这么回答,鳄鱼会怎样做呢?

在这时候鳄鱼就会吃掉孩子,鳄鱼吃掉孩子,母亲就猜错了。

教师质疑:那母亲可以这么回答吗?(不可以)为什么?(鳄鱼会吃掉孩子)

教师根据学生的汇报适时板书,完成示意图:

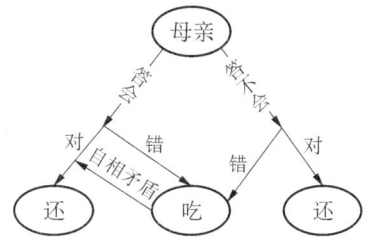

教师讲述故事后续:
鳄鱼:我会不会吃掉你的孩子?答对了,我就把孩子完好无损地还给你。
母亲:你是要吃掉我的孩子的。
鳄鱼:唔……我怎么办呢?如果我把孩子交还你,你就说错了。我应该吃掉他。
鳄鱼:好了,这样我就不把他交给你了。
母亲:可是你必须交给我。如果你吃了我的孩子,我就说对了,你就得把他交回给我。
拙劣的鳄鱼懵了,结果把孩子交回了母亲,母亲一把拽住孩子,跑掉了。
从这个故事中,你得到了什么经验?
引导学生得出:以后说话做事应该严谨一些,不要发生这种自相矛盾的现象。

(四)全课总结

教师启发:同学们,通过今天的游戏和故事,你们有什么感受吗?
学生自由回答,教师总结:在今后我们要学会从多个方面考虑问题,很多事情不止一个答案,而且可能我们知道的答案也不一定是对的,我们要不停地思考;而且在很多方面应该更严谨一点,不要出现这种不能判断出对错的情况。在说话时不要出现漏洞。同样也要能发现一些问题中的漏洞,找到解决问题的办法。

(五)板书设计

自相矛盾

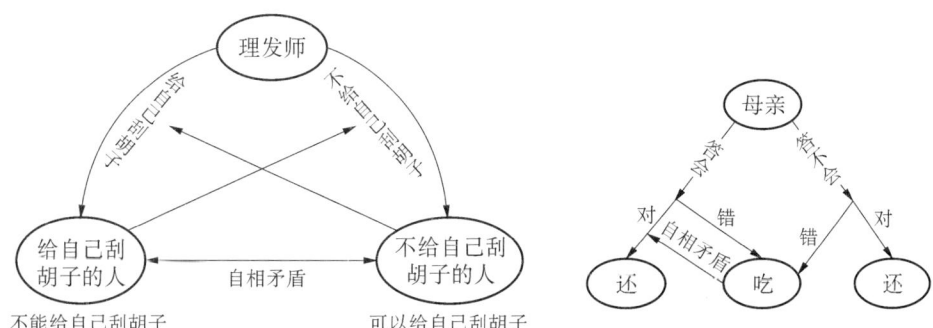

八、课外作业

(一) 作业设计

(1) 查找资料看看还有哪些关于自相矛盾的故事。
(2) 将所找到的故事带来学校与同学老师分享。
(3) 将今天的几个故事带回家考考家长,并且向他们解释清楚故事的漏洞在哪里。

(二) 作业建议

(1) 布置的作业最好让孩子们多说,培养学生的语言表达能力。
(2) 对于孩子带来的故事,教师一定要有反馈,这样孩子们才会更加积极地完成作业。

九、教材推荐

推荐教材:侯海博:《一分钟破案》,北京联合出版公司,2015。

推荐理由:此书就像一所侦探学校,将带领读者走进神秘的侦探世界。在讲述破案的常识和技巧的同时,精选了200多个情节曲折、惊险离奇的故事,让小学生在阅读的过程中,提高逻辑思维能力和想象力。

设计、定稿人:张梓琳　钟文静

32. 数 独(1)

一、内容简介

通过玩数独游戏,填汉字"脚踏实地",向学生介绍并让学生理解数独游戏的规则:每行每列每宫的几个数字不重不漏。通过填数字的数独,让学生总结出玩数独游戏的一些方法,如找缺字法或排除法。要做到看行、顾列、兼宫,而且最后要检查。在这堂课中,让学生学会填数独,同时培养学生的观察能力。

二、教学目标

(1) 认识数独游戏的规则,掌握玩"数独"的方法。
(2) 通过数独游戏,训练和发展数学逻辑推理能力,提高学习数学的信心和兴趣。
(3) 通过玩数独游戏,培养全局观念和克服困难、持之以恒的精神,懂得应用解数独的思想方法应用于生活与学习。

三、教学重难点

教学重点:掌握用推导、排除、假设验证、有序思考、多角度思考等玩数独的方法。
教学难点:增强观察能力,灵活的运用数独规则来独立的完成数独。

四、教学准备

多媒体课件、微课视频《数独的由来》、学生练习使用的数独题。

五、课时安排

2个课时——第1课时。

六、教学建议

(1) 本节课是数独游戏的第一课时,其重点是让学生认识数独、了解数独的玩法、初步掌握数独的一些方法,所以不宜练习较难的数独。

(2) 在玩数独游戏时,敏锐的观察能力很重要。因此,教师一定要培养学生多角度观察与全面考虑的好习惯。

七、教学流程设计

(一) 揭示数独

(1) 教师谈话引入:同学们喜欢玩游戏吗?这节课老师就带大家一起来玩一个数学游戏。

出示课件如下图:

脚	踏		
实	地		

教师提问:在格子图中你看到了哪个成语?

学生回答:脚踏实地。

(2) 教师随后介绍"宫":"脚踏实地"这四个字要填满所有的格子,在填字之前老师先把这些格子分成这样的几个区域,四个格子一个区域,我们把每个区域称之为"宫"。

脚	踏		
实	地		

教师质疑:共有几个宫?(四个)

继续说明:所以这个称为四宫格。

教师边展示课件边介绍行和列:除了宫以外数独中还有行和列,我们把像这样的横排称为行,竖排称为列。四宫格里一共有4行,这是第3行;一共有4列,这就是第4列。

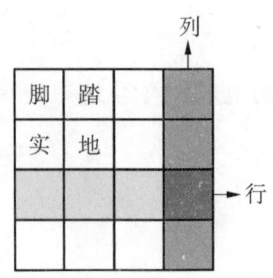

教师质疑：

① 那么"脚"字在几行几列？（第一行第一列）

② "踏"字在几行几列？（第一行第二列）

教师继续展示：现在请大家看电脑，老师是怎样填字的吧？（出示课件）

教师再次质疑：仔细观察，你发现老师在填写时，有什么规则？

引导学生发现：每行、每列、每宫都有"脚踏实地"这四个字，而且不重复也不遗漏。

（教师适时板书：行、列、宫、不重不漏）

（3）教师引导：刚才我们玩的是填文字游戏，游戏规则是每行每列每宫的几个字不重不漏。如果是填数字，你还会玩吗？（生：会）

边课件出示数独边说明：像这种填数字的游戏就叫"数独游戏"。（板书课题）

数独是一种数字魔方游戏；"数"就是填写的数字；"独"是指在每行每列每宫中的每个数字都是独一无二，却又是缺一不可的。

（二）初步探究

1. 了解游戏规则

课件出示游戏规则：将1—6这6个数填入右方六宫格里，使得每行每列每宫不重不漏。

教师引导学生理解：谁能看出这个格子图是几格为一个宫？要填写的是哪些字？还有什么要注意的吗？

指名学生复述游戏规则，重点强调：6格为一宫；每行、每列、每宫不重不漏。

178

	1	2		3	5	4
	5		3	1	2	
		5	1	4		2
	4	6	2		3	
		3		6		5
	6		5		4	3

2. 独立探究

教师布置任务：请小组长打开1号信封，拿出纸片，和同桌一起填一填，看一看哪些同学能填写完整又不违反规则。

学生独立探究，尝试填写。

教师巡视，个别指导。

指名学生汇报填写过程及思路，教师引导小结并适时板书：

① 找缺的数字。

② 看行、顾列、兼宫。

③ 检查。

1	3	5	6	2	4
6	2	4	1	5	3
4	5	3	2	6	1
2	6	1	3	4	5
3	4	6	5	1	2
5	1	2	4	3	6

1	3	5	6	2	4
3	2	4	1	3	5
4	5	1	2	6	3
5	6	3	4	1	2
2	1	6	3	5	6
6	4	2	5	3	1

3. 反馈练习（数独辨真假）

学生先仔细观察，独立思考、判断，如果认为是假数独，请找出其中错误的地方。

指名学生汇报，说说自己的看法，并且将假数独错在哪里找出来，教师适时用课件展示验证。

（三）研究九宫格数独游戏的填写技巧

（1）教师引导：刚才大家很不错，都是"火眼金睛"一下子就发现了第二个数独是假数独，老师这里还有一个更复杂的数独，我们一起来看看。

出示课件，引导学生观察：你发现这个数独有什么规律？

4	9	8	5	1	6	3	2	7
7	3	1	4	2	8	9	5	6
5	6	2	9	3	7	8	1	4
2	1	6	8	9	4	5	7	3
8	5	3	7	6	2	4	9	1
9	7	4	1	5	3	6	8	2
6	2	5	3	8	1	7	4	9
3	4	9	2	7	5	1	6	8
1	8	7	6	4	9	2	3	5

引导学生回答:每行每列每宫都有 1—9 这 9 个数字,且不重不漏!

(2) 教师肯定并质疑:大家好眼力,那我就来测大家的眼力:

① 你知道这个九宫格中字母 A 代表几?为什么?

4	9	8	5	1	6	3	2	7
7	3	1	A	2	8	9	5	6
5	6	2	9	3	7	8	1	4
2	1	6	8	9	4	5	7	3
8	5	3	7	6	2	4	9	1
9	7	4	1	5	3	6	8	2
6	2	5	3	8	1	7	4	9
3	4	9	2	7	5	1	6	8
1	8	7	6	4	9	2	3	5

学生应该能快速判断是 4,因为第二宫少了一个 4、第二行少了一个 4 或者是第二列少了一个 4。

老师适时总结:这种根据某行、某列或某一个宫缺少哪一个数来确定填几的方法就叫作"找缺字法"。

② 字母 B、C 代表几呢?你是怎么想的?

		8	5	1	6	3	2	
7	3	1	4	2		9		6
5	6		9	3		8		4
2	1	6	8	C	4	5	7	
8	5			6	2	4	9	
9		4	1	B		6	8	2
	2	5		8	1	7	4	
3	4			7	5		6	8
1		7	6	4		2		5

引导学生判断:先确定第五列缺少的是数字5和9,再发现第四行已经有了5,或者是发现第六行有了9,由此可以判断B只能是5,C只能是9。

根据学生的回答教师总结方法:这种某行、某列或者某一个宫缺少两个数字,根据其所在的列、行或者宫出现的数字进行排除、判断,最后确定的方法叫作"排除法"。

教师启发:

① 这是九宫格的数独,大家仔细观察一下,从哪开始比较好,为什么?

教师引导学生回答:因为第七列只有一个空格,可以从第七列开始。

② 如果从这列开始应该怎样填?

教师引导学生回答:填1,因为用"找缺字法"可以发现第七列只差一个1。

③ 现在就请同学们用"找缺字法"和"排除法"将这个数独填完整。同桌之间可以相互合作,待会老师看哪组做得又快又好,老师就请他们当小老师。

(3) 学生分组探究,尝试填写。教师巡视,个别指导。

各组代表汇报展示答案,并说出理由。

教师引导、质疑:根据什么找出答案的? 帮助学生理清探究思路

(四)课堂小结

教师总结:"由于这节课的时间有限,大家可以把这些数独游戏带回去继续玩。"数独游戏不但可以玩,还可以自己创作数独的题目。你看,老师就创造了一题:"爱心数独"。这一题,大家可以课后继续研究。

			2	3			7	8
1			4		6			9
4				5				1
9								6
	6						9	
		5				8		
			3		1			
				9				

(五)板书设计

数　独

游戏规则:每行、列、宫、不重不漏

要做到:看行、顾列、兼宫

方法:1. 找缺字法

　　　2. 排除法

八、课外作业

（一）作业设计

（1）判断下列哪个数独是真数独哪个是假数独？

3	2	1	1
4	1	3	2
1	3	2	4
2	1	1	3

6	7	8	9
8	9	6	7
7	6	9	8
9	8	7	6

（2）填一填。

1			3	5	4
5		3		2	
	5		4		2
4	6	2		3	
	3		6		5
6		5		4	3

（3）想一想如果你要教家中的爸爸妈妈或小伙伴、好朋友比赛玩数独游戏，你打算怎么教他们？

（二）作业建议

（1）作业尽量能反映孩子们对于数独玩法、规则的掌握程度。
（2）布置填一填类型的数独时，难度不宜过高。

九、教材推荐

推荐教材：蓝天：《小学生数独游戏入门级》，化学工业出版社，2017。

推荐理由：此书所选的题目难度适中且搭配合理，容易给孩子带来成就感。同时题目构思新颖、趣味性强，能很好地调动孩子的积极性，让孩子在书本中尽情体会数独带来的乐趣。

设计、定稿人：关　超　陈巧仁　钟文静